ANDALUSIEN

ANDALUSIEN

Roland Gerth
Margit Brinke
Peter Känzle

BRUCKMANN

ANDALUSIEN
PORTUGAL
EXTREMADURA
CASTILLA - LA MANCHA
MURCIA
HUELVA
SEVILLA
CÓRDOBA
JAÉN
GRANADA
MÁLAGA
CÁDIZ
ALMERÍA
ATLANTISCHER OZEAN
MITTELMEER
MAROKKO
Straße von Gibraltar
COSTA DEL SOL
COSTA TROPICAL
COSTA DE ALMERÍA
Badajoz
Elvas
Montijo
Mérida
Don Benito
Villanueva de la Serena
Ciudad Real
Manzanares
La Solana
Valdepeñas
Puertollano
Albacete
Hellín
Almendralejo
Villafranca de los Barros
Zafra
Jerez de los Caballeros
Barrancos
Rosal de la Frontera
Caravaca de la Cruz
Cehegín
Belalcázar
Hinojosa del Duque
Pozoblanco
Villanueva de Córdoba
Peñarroya-Pueblonuevo
Fuente Obejuna
Belmez
Villaviciosa de Córdoba
Sierra Morena
Guadalcanal
El Real de la Jara
Cazalla de la Sierra
Constantina
Almadén de la Plata
El Pedroso
La Puebla de los Infantes
Hornachuelos
Posadas
Almodóvar del Río
Córdoba
Montoro
Villa del Río
Marmolejo
Andujar
Bailén
Linares
La Carolina
Vilches
Úbeda
Baeza
Torreperogil
Villacarrillo
Villanueva del Arzobispo
Castellar de Santisteban
Santisteban del Puerto
Beas de Segura
Mengíbar
Arjona
Porcuna
Bujalance
Cañete de las Torres
Torredonjimeno
Torre del Campo
Jaén
Mancha Real
Jódar
Peal de Becerro
Cazorla
Quesada
Huéscar
Pozo Alcón
Vélez Rubio
Martos
Alcaudete
Alcalá la Real
Baena
Castro del Río
Espejo
Montilla
Nueva Carteya
Doña Mencía
Priego de Córdoba
Cabra
Lucena
Rute
Aguilar
Puente-Genil
Estepa
Santaella
Fernán Núñez
La Carlota
Écija
Palma del Río
Lora del Río
Fuentes de Andalucía
Carmona
Cantillana
Tocina
Brenes
Alcalá del Río
Villaverde del Río
Burguillos
Guillena
Gerena
La Algaba
Santiponce
Sevilla
El Viso del Alcor
Mairena del Alcor
Alcalá de Guadaira
Dos Hermanas
Marchena
Osuna
El Arahal
Utrera
Morón de la Frontera
La Puebla de Cazalla
Los Palacios y Villafranca
Las Cabezas de San Juan
Lebrija
El Coronil
Montellano
Castilblanco de los Arroyos
Villanueva del Río y Minas
Nerva
Cortegana
Aracena
Santa Bárbara de Casas
Valverde del Camino
Villanueva de los Castillejos
La Palma del Condado
Gibraleón
Cartaya
Huelva
Lepe
Ayamonte
Mogner
Almonte
Pilas
Coria del Río
La Puebla del Río
El Rocío
Mazagón
Las Marismas
Parque Nacional Coto de Doñana
Sanlúcar de Barrameda
Chipiona
Rota
Jerez de la Frontera
El Puerto de Santa María
Cádiz
Puerto Real
San Fernando
Chiclana de la Frontera
Medina Sidonia
Conil de la Frontera
Vejer de la Frontera
Barbate
Tarifa
Algeciras
San Roque
La Línea de la Concepción
Gibraltar
Ceuta
Arcos de la Frontera
Bornos
Villamartín
Algodonales
Olvera
Setenil
Grazalema
Ubrique
Ronda
Alcalá de los Gazules
Jimena de la Frontera
Estepona
San Pedro de Alcántara
Marbella
Mijas
Fuengirola
Torremolinos
Málaga
Coín
Alhaurín el Grande
Alora
Ardales
El Chorro
Teba
Campillos
Antequera
Archidona
Loja
Huétor Tajar
Illora
Montefrío
Iznalloz
Pinos Puente
Atarfe
Maracena
Granada
Santa Fé
Armilla
Zubia
Alhama de Granada
Vélez Málaga
Frigiliana
Cómpeta
Nerja
Almuñécar
Salobreña
Motril
Orgiva
Ugíjar
Berja
Adra
Guadix
Lacalahorra
Baza
Albox
Huércal Overa
Cuevas del Almanzora
Vera
Mojácar
Tabernas
Desierto de Tabernas
Almería
Aguadulce
Roquetas de Mar
Cabo de Gata
Rodalquilar
Sierra Nevada
Parque National de Sierra Nevada
Los Alpujarras
Sierra de Almijara
Axarquía
P.N. El Torcal
P.N. de Sierra Subbética
P.N. Sierra de las Nieves
Parque Natural de Sierra de Grazalema
Parque Natural de los Alcornocales
Parque Natural de Sierra Aracena y Picos de Aroche
Parque Natural de Sierra Norte
P.N. de Sierra Cardeña Montoro
P.N. de Sierra de Andújar
Parque Natural Sierra de Cazorla, Segura y las Villas
Parque Natural Cabo de Gata-Nijar
Río Guadalquivir
SPANIEN
Andalusien
0
80 km
N

ANDALUSIEN
Land zwischen Orient und Okzident

DAS ZENTRUM VON AL-ANDALUS 76
Wo Andalusien ganz und gar maurisch ist

SEVILLA
Das Tor zur »Neuen Welt«

ANDALUSIENS »WILDER OSTEN« 92
Unberührtes Naturparadies

COSTA DE LA LUZ
Die Küste des Lichts

REISEINFORMATIONEN 106
Andalusien von A bis Z

COSTA DEL SOL
Das Ferienparadies am Ende Europas

Viele Betrachter erinnert die Ansicht von Cádiz mit ihrer dominanten Kathedrale ein wenig an die kubanische Metropole Havanna.

Andalusien

Land zwischen Orient und Okzident

Andalusien ist das Klischeebild Spaniens schlechthin – hier gibt es Flamenco und Sherry, Machismo und Carmen, Pferde und Stierkampf. Zugegebenermaßen hat all das hier seinen Ursprung, doch Andalusien ist viel mehr, ein Land voller Kontraste: sprühend vor Optimismus und zugleich desolat, prall gefüllt mit Leben und laut, aber auch still und nachdenklich, modern und europäisch, dann wieder alten Traditionen verpflichtet.

Links oben: Laut und leise, modern und altmodisch, fortschrittlich und traditionell zugleich: Andalusien hat viele verschiedene Gesichter.

Rechts oben: Ohne Fiestas wäre Andalusien undenkbar.

Rechts: Noch heute spielt das Pferd eine wichtige Rolle in Andalusien, ganz besonders in der Region um den kleinen Pilgerort El Rocio.

Die fast 800 Jahre dauernde Herrschaft der islamischen Mauren und die spanische Kolonialzeit sind jene zwei historischen Epochen, die Andalusien nachhaltig geprägt haben. In vielen Städten und Dörfern im Südwesten Spaniens erinnern die Altstadtviertel mit ihrem Gassengewirr, den üppig bepflanzten Innenhöfen und den alten Festungsruinen an die islamische Blütezeit. Aber auch das Kunsthandwerk und so manche kulinarische Spezialität legen noch heute Zeugnis vom prägenden Einfluss der Mauren ab.

Die endgültige Unterwerfung der islamischen Machthaber, die mit der Eroberung von Granada im Jahr 1492 gelang, markierte zugleich den Beginn der zweiten Epoche. In eben diesem Jahr, in dem Granada an das katholische Regentenpaar Isabella I. von Kastilien und Ferdinand II. von Aragón fiel, brach auch Christoph Kolumbus von der Costa de la Luz auf, um den direkten Seeweg nach Indien zu finden. Er stieß stattdessen – ohne es zu wissen – auf einen den Europäern bis dato unbekannten Kontinent: Amerika. Die Spanier nutzten ihren strategischen Vorteil, eroberten große Teile der »Neuen Welt« und beuteten sie rücksichtslos aus. Die Häfen Andalusiens, allen voran Sevilla und Cádiz, entwickelten sich in der Folgezeit zu Hauptumschlagplätzen von Gütern aller Art und damit zu wohlhabenden Metropolen.

Eindrucksvoller als Federico García Lorca, Andalusiens Nationaldichter, es in der »Baladilla de los tres ríos« getan hat, kann man die reichen Kontraste Granadas und damit des andalusischen Kernlands wohl kaum beschreiben:

El río Guadalquivir
va entre naranjos y olivos.
Los dos ríos de Granada
bajan de la nieve al trigo.

Der Guadalquivir,
er strömt durch Orangen und Oliven.
Die beiden Flüsse von Granada,
sie stürzen sich vom Schnee zum Weizen.

Viele Besucher verbinden das Stichwort Andalusien ausschließlich mit Stränden und Sonne, denken in erster Linie an die über 830 Kilometer Küste, die sich zwischen Mittelmeer und Atlantik erstreckt, und haben vielleicht noch idyllische weiße Dörfer vor Augen.

Weit weniger bekannt ist hingegen das Hinterland, das vom Tal des Río Guadalquivir und der Bergwelt der

Die traditionellen Höhlenwohnungen – hier in Purullena – haben noch heute ihren Reiz und sind bei Besuchern als Unterkunft sehr beliebt.

Sierra Nevada geprägt wird. Höchst unterschiedliche Landschaften machen aus Andalusien eine der ungewöhnlichsten und vielseitigsten Naturregionen der Welt: von den Wüsten Almerías über die Felslandschaft des El Torcal und Schluchten wie El Chorro, über endlose Wälder, wie sie die Sierra de Cazorla oder de Aracena zu bieten haben, bis hin zum Nationalpark Coto de Doñana am Mündungsgebiet des Río Guadalquivir. Fast ein Fünftel der Gesamtfläche des Landes steht unter Naturschutz: Es gibt über 80 Schutzzonen, die in die vier Kategorien »Parque Nacional«, »Parque Natural«, »Paraje Natural« und »Reserva Natural« aufgeteilt sind.

Zwischen Europa und Afrika

Am Treffpunkt von zwei Meeren gelegen, nimmt Andalusien eine Brückenstellung zwischen den beiden Kontinenten Europa und Afrika ein. Es sind gerade einmal 14 Kilometer, die die beiden Erdteile an der Meerenge von Gibraltar voneinander trennen.

Im Norden bildet die waldreiche Sierra Morena eine natürliche Barriere zum kastilischen Hochland. Im Nordwesten grenzt der Río Guadiana Andalusien von Portugal ab, im Westen stellt die Atlantikküste, die Costa de la Luz, eine natürliche Grenze dar, im Süden das Mittelmeer und die Costa del Sol. Im Osten dient die Sierra de Cazorla y Segura als Abgrenzung von der Region Murcia. Innerhalb dieser Grenzen lassen sich geografisch drei große Naturräume unterscheiden: die Cordilleras Béticas – gleich hinter der »Sonnenküste« mit bis zu 2500 Meter hohen Gipfeln – und die Küstenregionen, das breite fruchtbare Tal des Río Guadalquivir und die Sierra Morena im Norden.

Eine autonome Gemeinschaft

Andalusien ist eine der 17 autonomen Gemeinschaften des Königreichs Spaniens. Als zweitgrößte nach Kastilien-León nimmt sie mit ihren 87 270 Quadratkilometern rund 17 Prozent der Gesamtfläche Spaniens ein. Lange kämpfte Andalusien um seine Selbstständigkeit, die es mit einem Referendum 1980 schließlich zugesprochen bekam. Seither regieren die Junta de Andalucía und das Parlament die »Comunidad Autónoma Andalucía«, die Autonome Gemeinschaft Andalusien.

Andalusien verfügt über seinen eigenen Obersten Gerichtshof, eine Hauptstadt (Sevilla) und eine eigene Flagge (grün-weiß-grün). Es agiert eigenverantwortlich in den Bereichen Wirtschaftsentwicklung, Bildung, Gesundheitswesen, Umweltschutz, Polizei, öffentliche Aufgaben, Tourismus, Kultur, Sprachpflege und Sozial-

Ohanes erinnert wie viele andalusische Dörfer mit seinen engen Gassen, verschachtelten Häusern und wehrhaftem Charakter daran, dass es in maurischer Zeit entstand.

politik; zudem verfügt Andalusien über begrenzte Steuerhoheit. Der spanische Staat hat hingegen weiterhin das Sagen in den Ressorts Verteidigung, Außenpolitik, Justiz, Zollwesen, Außenhandel und Währungspolitik. Andalusien gliedert sich in acht Provinzen, die nach den jeweiligen Hauptstädten benannt sind: Huelva, Sevilla, Córdoba, Jaén, Almería, Granada, Málaga und Cádiz. Jede davon verfügt über einen eigenen Provinzial-Landtag (Diputación Provincial), also eine eigene Provinz-Verwaltung.

Weltmacht Al-Andalus

Abu abd-Allah Muhammad, besser bekannt unter dem Spitznamen »Boabdil«, konnte der Überlieferung nach die Tränen nicht zurückhalten, als er am 2. Januar 1492 vor dem spanisch-katholischen Heer kapitulieren und aus Granada abziehen musste. Selbst heute, da man die einstige Pracht der Alhambra, des Herrscherpalastes in Granada, nurmehr erahnen kann, kann man die Verzweiflung Boabdils verstehen. Zwischen 756, als Abd ar-Rahman I. (731 bis 788) in Córdoba das Kalifat begründet hatte, und dem Ende der Nasridenherrschaft unter Boabdil war aus einem kargen, vergessenen Land ein »Garten Eden« geworden. Abd ar-Rahman I. rühmte sich, der Begründer des »Gelobten Landes« im Südwesten der iberischen Halbinsel gewesen zu sein – eigentlich hatten muslimische Berberstämme aber schon 711 das Kommando in Andalusien übernommen.

»Al-Andalus« stieg in seiner Blütezeit zwischen 929 und 1031 zum Kalifat und zu einer der bedeutendsten europäischen Mächte auf. Es wurde aber nicht nur Weltmacht und intellektuelles Zentrum, sondern zugleich führende Wirtschaftsmacht. Wie in der Römerzeit florierte die Landwirtschaft – Getreide, Olivenöl und Wein wurden wieder zu wichtigen Exportartikeln. Aber auch die von den Arabern und Mauren neu eingeführten Feldfrüchte wie Aprikosen, Artischocken, Auberginen, Mandeln und Zuckerrohr gediehen prächtig. Die neu errichteten Kanalsysteme und Schöpfräder lieferten jahrhundertelang die Grundlage für einen ertragreichen Landbau. Auch die Schafzucht war bedeutsam – und ist es bis heute geblieben. Handel und Handwerk blühten in den Städten auf, kostbare Seidenstoffe, Glaswaren, Leder, Keramik und Papier aus al-Andalus genossen einen hohen Ruf.

Andalusien entwickelte sich so zum Zentrum orientalischer, afrikanischer und europäischer Einflüsse, eine Symbiose, die dem Landstrich zu einer bis heute einzigartigen Stellung in der europäischen Kunst- und Kulturgeschichte verhalf. Besonders vier große Bautypen spielten dabei eine Rolle – Paläste, Gärten, Moscheen und Festungsanlagen –, die sich kunstgeschichtlich in drei Hauptphasen einteilen lassen: die der Omaijaden (756 bis 1031), der Almoraviden und Almohaden (1088 bis 1232) sowie der Nasriden (1238 bis 1492). Speziell unter den Omaijaden erlebte die Kunst einen Höhepunkt, dem eine etwas bescheidenere Blüte zur Zeit des Nasridenreichs in Granada folgte.

Religiöse Toleranz

Jener schon erwähnte Abd ar-Rahman I. hatte Córdoba zum neuen Zentrum des Omaijaden-Staates erkoren und baute die Stadt zur ersten maurischen Metropole aus. Schnell entwickelte sie sich dank der von den Herrschern propagierten drei »Grundpfeiler« – Glaubensfreiheit, ein allgemein kostenfrei zugängliches Bildungssystem und niedrige Steuersätze – zum geistigen Mittelpunkt Europas. Das friedliche Nebeneinander der drei Religionen Christentum, Judentum und Islam, die sich gegenseitig tolerierten und befruchteten, bildete das Fundament des Emirats von Córdoba.

Abu I-Walid Mohammed, auch unter den Namen »Ibn Rushd« oder »Averroes« bekannt, 1126 in Córdoba geboren und einer der größten Denker seiner Zeit, brachte die damals in Córdoba vorherrschende Stimmung bestens auf den Punkt: »Die Gesellschaftsordnung ist die beste, in der jede Frau, jedes Kind, jeder Mann alle Möglichkeiten bekommt, sämtliche Gaben zu entwickeln.«

In allen Phasen der andalusischen Geschichte spielte die katholische Kirche eine wichtige Rolle. Gotteshäuser sind daher überall zu finden, sogar am Strand von Almadraba.

Bereits in der Antike wurden im Norden der Provinz Huelva Bodenschätze abgebaut. Heute ist die Kupfermine von Corta Atalaya die größte offene Erzgrube Europas.

Die Reconquista beginnt

Die Reconquista, die »christliche Rückeroberung« Spaniens – die angesichts des friedvollen Nebeneinanders der Religionen und der herrschenden Toleranz eigentlich gar keine war – sollte gut ein halbes Jahrtausend dauern. Die geistigen Väter dieser Bewegung waren die Päpste Urban II. (1088 bis 1099) und sein Nachfolger Paschalis II. (1099 bis 1118). Sie stilisierten die muslimischen Herrscher Andalusiens zur Gefahr für die Christenheit hoch – hatten sie doch ein Auge auf die Reichtümer von al-Andalus geworfen. Der militärische Erfolg gegen die Almohaden am Fuße der Sierra Morena in Las Navas de Tolosa läutete den endgültigen Untergang ein: 1236 fiel Córdoba, 1248 Sevilla und 1264 Cádiz. Einzig das Nasriden-Emirat Granada konnte sich bis 1492 behaupten.

Der Hof der »Reyes Católicos«, Königin Isabella I. und ihres Gemahls König Ferdinand II., nahm die Traditionen des Kalifats auf und wurde zum kulturellen Zentrum des Mittelalters. Kunst und Architektur erlebten eine neue Blüte, denn christliche und muslimische Elemente verschmolzen zu einem neuen Stil, dem so genannten Mudéjar-Stil. Doch auch die Kirche gewann an Einfluss – mit bösen Folgen: Ab 1478 kam es zu Pogromen gegen Andersgläubige, die in der Vertreibung der Juden 1492 und der Muslime 1516 gipfelten. Das Zeitalter der religiösen Intoleranz – die Inquisition – hatte begonnen.

Tor in die »Neue Welt«

Doch auch eine andere Zeit hatte angefangen: die der Seefahrer. Einer davon hatte ganz besonders ehrgeizige Pläne. Doch so recht ernst nehmen wollte diesen Herrn Kolumbus vorerst niemand. Fast kann man sich des Eindrucks nicht erwehren, dass die spanische Königin Isabella ihm nur Geld für seine Seereise gab, um ihn endlich loszuwerden. Kolumbus stach von andalusischen Häfen zu seinen vier Entdeckungsfahrten in See: Am 3. August 1492 legte er von Palos de la Frontera ab, um im März 1493 als viel gefeierter Held zurückzukehren. 1493 und 1502 stach er von Cádiz aus in See und 1498 von Sanlúcar de Barrameda.

Der aus Genua stammende Seefahrer selbst blieb bis zu seinem Tod im Jahr 1506 davon überzeugt, in Indien gelandet zu sein, doch den Spaniern war schnell klar geworden, dass er eine »Neue Welt« entdeckt hatte, zu deren Toren sich Sevilla und Cádiz entwickelten sollten. Zwischen 1495 und 1560 siedelten sich über 25 000 Andalusier in Mittel- und Südamerika an. Die wachsende Zahl von Kolonien sowie die Erkundung des Pazifiks – Magellán startete 1519 von Sevilla aus eine Weltumsegelung – sorgten für blühenden Handel mit den neuen Gebieten. Besonders Sevilla profitierte davon und entwickelte sich zu einer der reichsten Städte Europas. Lange sollte die Blütezeit allerdings nicht dauern, denn ab dem späten 16. Jahrhundert machten Großbritannien und Frankreich Spanien den Anspruch auf die »Neue Welt« streitig. Mit dem Niedergang des spanischen Kolonialreichs versank Andalusien in einen Dornröschenschlaf, aus dem es erst im 20. Jahrhundert wieder erwachen sollte.

Faszinierendes Erbe

Die wechselvolle Geschichte hat in Andalusien eine faszinierende Mischung aus Orient und Okzident, aus Gestern und Heute zurückgelassen, die den Besucher auf Schritt und Tritt begleitet. Dabei ziehen Städte wie Sevilla, Granada oder Córdoba jeden Besucher im ersten Augenblick in ihren Bann, wohingegen der besondere Reiz von Orten wie Ronda, Carmona, Almería, Málaga, Cádiz, Jerez, Jaén, Baeza, Ùbeda oder Antequera erst entdeckt werden will.

Es sind diese historische Städte, die fotogenen »Pueblos Blancos«, verschachtelte weiße Bergdörfer umgeben von endlosen Olivenhainen, aber auch die Strände und Naturparks, die Andalusien zum überaus beliebten Reiseziel machen. Dennoch ist die Region eigentlich ein Agrarland geblieben. Allerdings hat die Landwirtschaft mit dem Fremdenverkehr einen ernst zu nehmenden Konkurrenten bekommen: Das »Zeitalter des Tourismus'« scheint nun als dritte maßgebliche Epoche die Geschichte des Landes zu prägen. Spuren hat sie – leider – bereits hinterlassen, beispielsweise in Gestalt abschreckend hässlicher Feriensiedlungen an der Costa del Sol. Allerdings sind gleichzeitig auch intensive Bemühungen im Gange, den Umweltschutz und auch den sanften Tourismus im Hinterland und an der Costa de la Luz zu fördern.

Zeugnis von der äußerst wechselvollen Geschichte einer Seefahrernation legen diese ausrangierten Fischerboote bei Ruescas im Osten Andalusiens ab.

Der Río Guadalquivir, der die wichtigste Lebensader Andalusiens bildet, entspringt in der waldreichen Bergwelt der Sierra de Cazorla.

Ein mediterranes Traumland

Die Sonne und die Aussicht, sogar im November oder Februar kurzärmelig herumlaufen zu können, zieht Urlauber magisch nach Andalusien. Mediterranes Klima mit trockenheißen Sommern und feuchtmilden Wintern ist jedoch nur ein Teil des breiten Wetterspektrums, das von hochalpinem bis zu wüstenartigem Klima reicht. Während in der Sierra de Grazalema, kaum 50 Kilometer von der Costa del Sol entfernt, die höchste Niederschlagsmenge Spaniens verzeichnet wird und man in der Sierra Nevada, vor den Toren Granadas, noch im Sommer Skifahren kann, gilt die Wüstenregion in der Provinz Almería als trockenstes Gebiet und das Guadalquivir-Tal als heißester Ort Europas.

Diese unterschiedlichen Klimazonen haben eine vielfältige Flora und Fauna hervorgebracht, die man besonders gut in den zahlreichen Naturparks beobachten kann. Wer hätte ausgerechnet in Andalusien etwa 70 endemische, das heißt nur hier vorkommende Pflanzenarten, wie die seltene Igeltanne (Pinsapotanne), vermutet? Oder solch ausgedehnte Waldgebiete aus Stein- und Korkeichen – die unter anderem für die Korkproduktion genutzt werden –, Rot- und Schwarzkiefern? Solche Bedingungen bieten nicht nur den berüchtigten »Toros Bravos«, den halbwilden Kampfstieren, ein ideales Umfeld, sondern auch den berühmten iberischen Schweinen, Kreuzungen aus Haus- und Wildschwein, deren Schinken zu den Spezialitäten Andalusiens zählt.

Das Leben ist eine Fiesta

Den »typischen« Andalusier zeichnen wie den »typischen« Italiener oder Griechen bestimmte Merkmale aus, die bei ersterem jedoch um einiges widersprüchlicher ausfallen: Einerseits ist er überschäumend vor vitaler Lebensfreude und Optimismus – nach dem Motto »Ya veremos, el salto hacía delante« (»wir werden sehen, man springt immer nach vorn«) –, andererseits pessimistisch, schwermütig und depressiv. Bester Ausdruck der Kongruenz dieser Charakterzüge ist der Flamenco, als Zeugnis von unendlicher Trauer und Lebensfreude.

Gastfreundschaft und Reserviertheit, Verschlossenheit und der Hang zur Selbstdarstellung, Großzügigkeit und Bescheidenheit, Laissez-faire und Skepsis gehören ebenfalls zum andalusischen Wesen. Bedenkt man, wie viele verschiedene Völker und Kulturen Andalusien ihren Stempel aufdrückten – Phönizier, Karthager, Kelten, Römer, Westgoten, Berber, Araber –, versteht man ihren vielseitigen und gegensätzlichen Charakter besser: Hier treffen Orient und Okzident, Tradition und Moderne, Kosmopolitismus und Rückständigkeit, Reichtum und Armut aufeinander.

Es hat den Anschein, als würden die Andalusier nicht leben um zu arbeiten, sondern arbeiten um zu leben, und dazu bei jeder Gelegenheit feiern. Es soll in Andalusien mehr als 3000, überwiegend lokale Feste geben. Die meisten davon sind religiösen Ursprungs, doch das hat im katholischen Andalusien selten jemanden davon abgehalten, ausgelassen zu feiern, zu essen und zu trinken, zu tanzen und fröhlich zu sein. Die enge Verbindung von Trauer, Freude und Emotionalität ist etwas, was uns Mitteleuropäern fremd ist und was Andalusien gerade so faszinierend macht.

Der echte Flamenco

Wo genau der Name Flamenco (Flame, flämisch) herkommt, weiß man nicht: Nach einer Deutung sollen

Der Río Tinto fächert sich östlich der Provinzhauptstadt Huelva in ein breites Mündungsdelta auf. Von hier aus stach Kolumbus einst in See.

Andalusische Lebensfreude verbreiten auch traditionell gewandete Musiker.

die Zigeuner als ähnlich arrogant gegolten haben wie einst die flämischen Soldaten von Karl V. In der Literatur taucht der Begriff erstmals im späten 18. Jahrhundert auf, alles andere bleibt Spekulation. Eines ist Flamenco jedoch nicht: die »Light-Version«, die Besuchern in den Touristenhochburgen vorgeführt wird.

Im Sacromonte-Viertel in Granada ist der Flamenco ebenso zu Hause wie im klassischen Flamenco-Dreieck zwischen Sevilla (Stadtviertel Triana), Jerez de la Frontera – mit dem einzigen Flamenco-Lehrstuhl Andalusiens – und Cádiz. Hier soll die Wiege des Flamenco stehen und hier wurden schon im 18. Jahrhundert die ersten Flamencoschulen gegründet.

Der Blues der Gitanos

Flamenco besteht aus »cante« (Lied), »baile« (Tanz), »guitarra« (Gitarre) und »toque de palmas« (Händeklatschen). Darüber hinaus ist Flamenco Lebensanschauung und Ausdruck eines Lebensgefühls. Vergleichbar mit dem Blues des tiefen Südens der Vereinigten Staaten ist Flamenco die Musik einer sozial benachteiligten und lange diskriminierten Gesellschaftsgruppe, der Zigeuner. Die »gitanos« oder »calés« (»Schwarze«), wie sie sich selbst nennen, bilden auch heute noch eine der großen Bevölkerungsgruppen in Andalusien, wo sie seit dem 15. Jahrhundert heimisch sind. Der Flamenco ist ihr Ausdruck von Leid und sozialer Unterdrückung

Von den weinüberrankten Dächern des Ortes La Ruela blickt man auf einen Wald von Olivenbäumen. Wein und Olivenöl sind die beiden wichtigsten Säulen der andalusischen Landwirtschaft.

In vielen Orten des andalusischen Hinterlandes geht es noch überaus beschaulich zu, da finden auch die Störche ein – wenn auch nur scheinbar – ruhiges Nistplätzchen.

zum einen, von wahrer Lebensfreude und Ausgelassenheit zum anderen.

Il Toro und der Machismo

Kaum ein Thema polarisiert die Menschen so wie der Stierkampf. Die Wurzeln der »corrida de toros« reichen in die Antike zurück und basieren auf einem beliebten »Freizeitsport zu Pferde« der Adeligen. Erst im Laufe des 18. Jahrhunderts kamen Kämpfe zu Fuß auf und das noch heute gültige Regelwerk entstand. Andalusien gilt als die klassische Stierkampfregion, wenngleich auch in anderen großen Städten Spaniens, in Lateinamerika, Portugal und Südfrankreich große Stierkämpfe stattfinden. Die »corridas« werden in »plazas« (Arenen) abgehalten – rund 400 sind es in Spanien, die größte steht in Sevilla, die älteste in Ronda.

Wer sich dem Thema literarisch nähern möchte, dem sei zur Lektüre Ernest Hemingway empfohlen. Wie kein anderer hat sich der weit gereiste Amerikaner mit dem Stierkampf, seinen Hintergründen und Akteuren beschäftigt. Neben dem lesenswerten Roman »Tod am Nachmittag« widmet er sich auch in »Ein gefährlicher Sommer« diesem Thema. Hemingway war sich durchaus dem Für und Wider der Corrida bewusst, brachte der »arte de lidiar un toro« – der Kunst gegen einen Stier zu kämpfen – jedoch vorrangig Neugierde und Interesse entgegen. Stierkampf ist nämlich mehr als nur brutales Morden, wie es Gegner der Einfachheit halber gern darstellen.

Die »arte taurino« wird besonders in Andalusien als Kunstform und als Ausdrucksmittel des Machismo angesehen. Doch nicht nur im Stierkampf kommt dieser voll zum Tragen, auch während der Fiestas gehen »Don« und »Doña« immer noch in ihren traditionellen Rollen auf. Männer pflegen mit ritterlichen Gesten und großzügigem Handeln den Ruf des Beschützers gegenüber der schwachen, aber rassigen weiblichen Schönheit. Zugegeben, der Moralkodex hat sich gelockert, doch mit der Gleichstellung der Frauen ist es faktisch nicht weit her. Die klare Rollenverteilung wird auch optisch deutlich beim »paseo«, beim beliebten Promenieren am Abend oder Wochenende: Man schlendert plaudernd in getrennt geschlechtlichen Grüppchen und mit gebührendem Abstand auf der Strandpromenade oder Fußgängerzone auf und ab.

Tapas, Jamón und Sherry

Tapas, Schinken und Sherry – das ist die kulinarische Dreifaltigkeit Andalusiens. Tapas sind seit Jahrhunderten Tradition und tägliches Ritual, auch wenn man heute nurmehr selten eine »tapa« kostenlos zum bestellten Getränk erhält. Dabei soll König Felipe II. in der zweiten Hälfte des 16. Jahrhunderts per Dekret bestimmt haben, dass Wirte dem Gast eine tapa – ein »Deckelchen« – aufs Glas zu legen haben. Eine Scheibe Wurst oder Schinken, ein Stück Käse oder Brot sollten allzu rasches Betrunkenwerden verhindern. Nach einer anderen, profaneren Deutung sollte das Abdecken des Glases Fliegen abwehren. Inzwischen sind Tapas zur kulinarischen Kunstform geworden, die besonders in Sevilla zelebriert wird. Man trifft sich am frühen Abend, vor dem Abendessen, in »seiner« Bar, um ein Glas Sherry und einige appetitanregende Häppchen zu genießen.

Bleiben wir in der Bar: Eine »copita«, jenes tulpenförmige kleine Glas, in dem goldfarben-klar der Sherry Gaumenfreunden verspricht, gehört untrennbar zum

»tapear«. Die Bezeichnung »Sherry« für einen auf besondere Weise produzierten Wein hat ihren Siegeszug um die Welt angetreten, allerdings wird man kaum einen Andalusier einen solchen bestellen hören. Er möchte einen »fino« oder »manzanilla«, manchmal einen »jerez«. Solche zarthellen, trockenen bis leicht herben Weine werden eisgekühlt als Aperitif getrunken – oder einfach zwischendurch, wie ein Glas Weißwein. Neben dem verbreiteten »fino« gibt es mehrere, dunkler und süßer werdende Zwischenstufen, bis hin zum »oloroso«, einem Dessertwein.

Jamón serrano, der luftgetrocknete Schinken, ist die dritte Spezialität Andalusiens. Der beste kommt aus den Bergen nördlich Huelva und aus den Alpujarras bei Granada. Er stammt nicht von gewöhnlichen Schweinen, sondern von iberischen Schweinen, »cerdos ibéricos«, die Wildschweinen gleichen. Im Idealfall laufen die Tiere frei in Steineichenwäldern herum und fressen sich an Eicheln rund. Der Schinken wird für acht bis zwölf Tage mit grobem Salz eingerieben, kommt für zwei bis drei Monate in eine Kühlkammer und lagert dann rund ein halbes Jahr bei Zimmertemperatur, ehe er für gut ein weiteres Jahr in Trockenhallen kommt.

Die andalusische Küche ist unprätentiös. Ihre Hauptelemente sind Olivenöl, Knoblauch, Zwiebeln, Fisch, Schweinefleisch, Kartoffeln und Gemüse, aber auch Hülsenfrüchte. Die grünen Oliven Andalusiens – meist der Sorte Manzanilla – sind überall billig zu haben und spielen ebenso wie Gewürze und Kräuter eine wichtige Rolle in der Küche. Die Mauren sind für letztere verantwortlich: Sie führten Anis, Basilikum, Muskat, Kapern, Koriander, Minze, Safran und Kümmel ein und machten Trockenfrüchte und Mariniertes populär.

Die »Pueblos Blancos«, verschachtelte, weiße Bergdörfer, die wie Adlerneste auf den Bergkuppen thronen – hier Arcos de la Frontera –, sind ein Markenzeichen Andalusiens.

Ein Wahrzeichen der andalusischen Hauptstadt Sevilla ist der eindrucksvolle Torre del Oro. Er ist einer der wenigen erhaltenen Reste der einst mächtigen maurischen Stadtmauer.

Sevilla

Das Tor zur »Neuen Wel

»Quien no ha visto Sevilla, no ha visto maravilla!« – »Wer Sevilla nicht gesehen hat, hat noch kein Wunder gesehen«. So sagen es die Bewohner der Hauptstadt Andalusiens. Sie sind überaus stolz auf ihre Stadt, welche die Heimat des Flamenco und Stierkampfs, der größten Fiesta Spaniens und zahlloser Tapasbars ist.

Die Catedral Santa Maria de la Sede mit ihrem weithin sichtbaren Glockenturm La Giralda ist Sevillas Hauptattraktion. Nachts erstrahlt der Turm im hellen Scheinwerferlicht – ein wahrhaft sehenswerter Anblick!

Die Sevillanos sind ein ganz besonderer Menschenschlag. Sie verstehen sich aufs Feiern und sprühen vor Lebensfreude, andererseits ist ihnen aber ein Hang zu Theatralik und Melancholie eigen. Man ist stolz und frönt dem Machismo, gibt sich aber zugleich gelassen mit einer Neigung zum Chaotischen. Noch heute scheinen die Sevillanos überzeugt zu sein, dass sie in der »Hauptstadt der Welt« leben, so wie im 16. Jahrhundert, als die Stadt zu Reichtum und Macht gelangte.

Zwei Meilensteine der Geschichte haben die Geschicke der Stadt im fruchtbaren Tal des Río Guadalquivir wesentlich geprägt: die »Entdeckung« Amerikas durch Kolumbus und die 500 Jahre später stattfindende Weltausstellung »Expo 1992«. Die Entdeckungsfahrten des genuesischen Seefahrers hatten Sevilla nach der Römer- und Maurenzeit eine neuerliche Blüte als Handels- und Verwaltungszentrum des spanischen Kolonialreichs eingebracht. Nach diesem »Siglo de Oro«, dem »Goldenen Zeitalter«, fiel Sevilla jedoch in eine Art Dornröschenschlaf, aus dem es erst die Weltausstellung wieder erweckte.

Penitentes und Saetas

Ostern ist in Andalusien das wichtigste Fest. In der Zeit zwischen Palmsonntag und Ostersonntag, der »Semana Santa«, der »Heiligen Woche«, finden überall in der Region Festumzüge statt, einer der größten in Sevilla. Seit dem 16. Jahrhundert organisieren Mitglieder der verschiedenen »hermandades« oder »cofradías«, der Bruderschaften, ihre »pasos«. Am Karfreitag versammeln sich die größten und bedeutendsten Vereinigungen zur Hauptprozession, die seit über 300 Jahren der gleichen festgeschriebenen Route durch die Stadt folgt.

Die »Penitentes« – die Büßer – sind zu erkennen an ihren Spitzkapuzen, bodenlangen Umhängen, Sandalen und Fackeln. Sie führen den Zug an. Ihnen folgen die von mehreren Männern getragenen, auf Holzgestellen befestigten Bildnisse von Jesus, der Gottesmutter oder gar komplette Passionsszenen. Vielfach handelt es sich um alte Holzfiguren aus dem 17. Jahrhundert, die den wertvollsten Besitz einer Bruderschaft darstellen. Viele Marienstatuen werden kostbar eingekleidet und reich geschmückt – es ist unter den Zuschauern am Straßenrand der Brauch, das Gewand der Madonna zu berühren. Musikgruppen spielen mit Trompeten und Trommeln spezielle (Trauer-)Märsche und es ertönen

»saetas«, Klagelieder. Wenn die Madonna später wieder in ihre Kirche zurückgebracht wurde, weichen Trauer und Melancholie der ausgelassenen Freude und es wird gefeiert, gegessen und getrunken.

Die Stadt tanzt

Kaum von den Osterfeierlichkeiten erholt, rüstet sich die Stadt für ein noch größeres Fest: die Feria de Abril. Ab Dienstag erstrahlen an der Portada, dem gut 42 Meter hohen Zugangstor zum Festplatz im südlichen Barrio Los Remedios, 22 000 Glühbirnen. Bis zum grandiosen Schlussfeuerwerk am folgenden Sonntag ist in Sevilla der »Löwe los«.

Die Wurzeln der Feria reichen ins 19. Jahrhundert zurück: 1847 fand erstmals eine dreitägige »Feria de Ganado«, ein Viehmarkt, statt. Dieser steht heute längst nicht mehr im Mittelpunkt, vielmehr prägen stolze Señores zu Pferde, bekleidet mit weißen Rüschenhemden, kurzen Jacken, Nadelstreifenhosen, Lederschurz und Hut – ganz im Stil andalusischer Gutsherren – und Señorinas in farbenprächtigen Flamencokleidern mit weiten langen Röcken, enger Korsettage, Fransentuch und Fächer das Bild.

Sevillas Wahrzeichen

Die Catedral Santa Maria de la Sede mit dem weithin sichtbaren Glockenturm La Giralda gilt nach Roms Petersdom und New Yorks Saint Paul's Cathedral als drittgrößte Kirche der Welt. Über 150 Jahre lang – von 1402 bis 1564 – wurde an der 116 mal 83 Meter messenden Kathedrale mit ihrer 56 Meter hohen Zentralkuppel gebaut. Sie erhebt sich über den Ruinen einer nach 1172 von den Almohaden errichteten Moschee,

Wie aus dem Bilderbuch: Man sieht es La Giralda kaum an, dass sie 1198 als Minarett der maurischen Moschee errichtet und erst später zum Kirchturm umfunktioniert wurde.

Während der Feria de Abril trägt die Damenwelt Sevillas stolz die traditionellen bunten Kleider.

Rechte Seite: Die prunkvolle Königsresidenz in Sevilla, der Alcázar, zeigt geradezu beispielhaft die perfekte Verschmelzung maurischer und christlicher Baukunst.

die wiederum auf einem römischen Tempel und einem westgotischen Gotteshaus fußte. Es sind nicht allein die riesigen Dimensionen, mit denen die fünfschiffige Hallenbasilika beeindruckt, es sind vor allem die klaren Proportionen, die luftigleicht erscheinenden Gewölbe und die überreiche Ausstattung, die bei jedem Besucher ehrliches Staunen hervorrufen.

Allein der Hochaltar, ein Meisterwerk spanischer Holzschnitzkunst, gilt mit Ausmaßen von 23 mal 20 Metern als der größte christliche Altar der Welt. Er versinnbildlicht den Reichtum des damaligen Handelszentrums im spanischen Weltreich. An der Nordostecke der Kathedrale erhebt sich frei stehend die 93 Meter hohe Giralda, ein 1198 fertig gestelltes Minarett. Zur 70 Meter hoch gelegenen Galerie, von der sich ein spektakulärer Ausblick bietet, soll man angeblich dank Rampen auch zu Pferd gelangt sein. Den dritten Teil des Kathedral-Komplexes bildet die Patio de los Naranjos, der Orangenhof, der einst der Vorhof der Moschee war.

In der Königsresidenz

Rund um die Kathedrale gruppieren sich mehrere überaus bedeutende Bauwerke: im Osten der Palacio Arzobispal, der Palast des Erzbischofs und im Südwesten die Casa de Lonja, die Warenbörse aus dem späten 16. Jahrhundert. Herausragend ist jedoch im Süden der Alcázar, das wohl beste Beispiel für die Symbiose maurischer Baukunst und christlichem Renaissance-Stil zum so genannten Mudéjar.

Maurische Herrscher hatten im Jahr 913 den Grundstein für diese älteste noch erhaltene Königsresidenz Europas gelegt. Im Laufe der Jahrhunderte war die Residenz stetig aus- und umgebaut worden, so dass heute von der ursprünglichen Anlage nurmehr der Innenhof, einzelne Mauern und Gartenteile übrig geblieben sind. Nach der christlichen Eroberung 1248 wurde der Palast zum Wohnsitz der spanischen Könige umfunktioniert. Nun erlebte er seine echte Blüte und unter der Regierungszeit von Pedro I., zwischen 1350 und 1369, auch einige einschneidende Veränderungen. Ihm war es nämlich gelungen, renommierte Architekten und Handwerker von den maurischen Höfen in Granada und Toledo zu engagieren.

Malerische Gassen, einladende Plätze und noble Paläste

In den Gassen der Altstadtviertel spürt man noch heute den einstigen Wohlstand und die sevillanische Lust am Prunk. Immerhin sollen im einstigen Haupthafen der

Von der einstigen Gartenanlage des maurischen Real Alcázar aus dem 10. Jahrhundert sind heute nurmehr wenige Teile erhalten.

Rechte Seite: Prachtvoll gestaltete Badeanlagen, wie diese im Real Alcázar, waren einst wichtige Bestandteile maurischer Herrscherpaläste.

Kolonialmacht Spanien allein zwischen 1550 und 1560 etwa 25 000 Kilo Gold umgeschlagen worden sein! Aber die Stadt war nicht nur reich an weltlichen Schätzen, sondern auch an berühmten Persönlichkeiten: Geboren wurden hier die Maler Diego Velázques (1599 bis 1660) und Bartolomé Esteban Murillo (1617 bis 1682) und der berühmte »Apostel der Indianer« Bartolomé de Las Casas (1474 bis 1566). Lange war die Stadt Heimat des spanischen Nationaldichters Miguel de Cervantes («Don Quichote«) und diente als Schauplatz berühmter Opern wie »Carmen« (Bizet), »Figaros Hochzeit« (Mozart) oder »Der Barbier von Sevilla« (Rossini).

In unmittelbarer Nähe zu Kathedrale und Alcázar erstreckt sich das Barrio Santa Cruz, dessen Wurzeln im jüdischen Viertel der maurischen Zeit liegen. In malerischen Gassen wie der schmalen Calle Ximenez de Enciso und auf Plätzen wie der Plaza de Santa Cruz drängen sich Pensionen, Kneipen und Tapasbars, Kunstgalerien und Souvenirläden aneinander. Die verwinkelten, engen Pfade mit ihrer dichten Bebauung folgen arabisch-mittelalterlichem Muster, hinzu traten zwischen dem 17. und 19. Jahrhundert noble Paläste und kleine Kirchen. Einen dieser prächtigen Palacios, die architektonisch sehenswerte Casa de Pilatos, kann man sogar besichtigen. Maurische und gotische Elemente, Mudéjar, Renaissance und Klassizismus bilden hier zusammen mit antiken Skulpturen und der Gartenanlage ein einmaliges Gesamtkunstwerk.

Das urtümlichste Viertel Sevillas ist wohl La Macarena. Es ist benannt nach einer Marienfigur, der Schutzheiligen Virgen de la Macarena. Sie ist in der gleichnamigen Basílica, der Lieblingskirche der Stierkämpfer im Zentrum des Stadtteils, zu bewundern. Macarena ist ein

Links oben: Sehr romantisch ist die Fahrt mit der Pferdekutsche durch die malerischen Gassen Sevillas.

Links unten: Auch die Tauben Sevillas scheinen der Lieblingsbeschäftigung der Stadtbewohner zu fröhnen …

Rechts oben: Im alten Barrio Santa Cruz gibt es prächtige Palacios und üppig bepflanzte Patios zu bestaunen.

Rechts unten: … schließlich wurde in der andalusischen Hauptstadt die Kunst des »Tapear« erfunden.

Rechte Seite: Der Palacio Central an Sevillas Plaza d'España wurde 1929 erbaut.

Kleine-Leute-Viertel ohne großartige Sehenswürdigkeiten, doch mit unvergleichlicher Atmosphäre und voller Leben: Läden, kleine Werkstätten, Tapasbars und Kneipen, Markthallen und Flohmarkt verleihen dem Viertel einen eher dörflichen Charakter. Hier lernt man ein anderes Stück Sevilla kennen, vor allem am Abend in einer der Tapasbar rings um die tagsüber eher unscheinbare Plaza de los Terceros.

Eine bedeutende Kunstsammlung

Zwischen La Macarena und dem die Innenstadt in einer Schleife umschließenden Río Guadalquivir drängen sich die im Mittelalter entstandenen und später mit bedeutenden Renaissance- und Barockpalästen bebauten Viertel San Vicente und San Lorenzo. Beide wirken in sich weniger geschlossen als La Macarena oder Santa Cruz, aber dennoch lohnt ein Bummel, der idealerweise am Museo de Bellas Artes endet. Dieser ehemalige Konvent der Merced Calzada, ein Barockbau mit Wurzeln im 13. Jahrhundert, beherbergt die nach dem Prado in Madrid die bedeutendste Kunstsammlung Spaniens.

Gleichermaßen beliebt bei Besuchern und Sevillanos ist das nördlich anschließende geschäftige Zentrum der Stadt. Es erstreckt sich um die Plaza La Campana mit dem alteingesessenen Café La Campana und der Calle Sierpes, der Fußgängerzone. Hier, in der Parallelstraße Velázquez Tetuán und den umliegenden Gassen finden sich viele Läden, darunter kleine Fachgeschäfte für Flamenco- und Stierkampfzubehör, Tapasbars und Cafés.

Am Río Guadalquivir

Am Ufer des Río Guadalquivir erstrecken sich zwei weitere volkstümliche Stadtviertel, El Arenal auf der Stadtseite und, gegenüber, Triana. Die östliche Flusspromenade prägen zwei komplett unterschiedliche Bauten: einmal der Torre del Oro, Teil der maurischen Stadtmauer von 1220, dessen Name auf die vergoldeten »azulejos« (Kacheln) zurückgeht, die einst als Verkleidung dienten. Wenige Schritte nördlich erhebt sich dann die Plaza de Toros de La Maestranza. Zusammen mit der Madrider »Las Ventas« gilt dieses Bauwerk als bedeutendste Stierkampfarena Spaniens. Der 1760 errichtete auffällige weiß-rotbraun-ockergelbe Bau, in dem sich auch ein sehenswertes Museum befindet, bietet 14 000 Zuschauern Platz.

Das ebenfalls historische Barrio de Triana breitet sich am westlichen Flussufer, gegenüber der Stierkampfarena, aus. Benannt ist es nach dem römischen Kaiser Trajan, der im nahen Itálica geboren wurde. Seit jeher ist

Der Parque de María Luisa wurde anlässlich der Ibero-Amerikanischen Ausstellung 1929/30 um die zentrale Plaza d'España erweitert. In der Dunkelheit wirken die Fontänen der Springbrunnen besonders eindrucksvoll.

Das Barrio Santa Cruz ist bekannt für seine Tapasbars, es erwacht also erst am Abend. In der Gegend rund um die Plaza de la Alfalfa pulsiert dann das Leben.

Die Plaza de Toros de La Maestranza wurde 1760 erbaut. Sie zählt noch heute zu den bedeutendsten Stierkampfarenen Spaniens.

Triana die Heimat der »Gitanos« und damit eines der bedeutenden Zentren des Flamenco. Neben berühmten Flamenco-Künstlern wohnen und wohnten hier auch große Toreros – und Töpfer, weshalb das Viertel noch heute für seine Werkstätten bekannt ist.

Sevillas »gute Stube«

Eine kleine Pause gefällig? In der »guten Stube« der Stadt, im südlich des Zentrums gelegenen Parque de María Luisa, lässt es sich gut ausruhen. Mit seinen Kiosken, Fahrradverleihs und Restaurants ist der Park besonders an Wochenenden ein beliebtes Familien-Ausflugsziel. Der von der Infantin von Spanien, María Luisa Fernanda de Borbón, einer Schwester von Isabella II., gestiftete Park gelangte 1893 in den Besitz der Stadt. Er wurde später umgestaltet und anlässlich der Ibero-Amerikanischen Ausstellung 1929/30 um die zentrale Plaza de España und Ausstellungspavillions erweitert, in denen heute Museen wie das Museo de Artes y Costumbres Populares oder das Museo Arqueológico einen Besuch wert sind.

Kaiserliche Heimat

Sevillas Geschichte reicht weit zurück: Der mythische Held Herakles soll die Stadt gegründet haben. Wissenschaftlich gesichert ist lediglich die Existenz der antiken römischen Metropole Itálica. Diese befand sich rund neun Kilometer nordwestlich beim heutigen Santiponce. 206 v. Chr. als »Veteranenstadt« für ausgemusterte Soldaten errichtet, wurde sie zum Knotenpunkt des südspanischen Handels im Römischen Reich und erlangte als Geburtsort zweier römischer Kaiser, Trajan (53 bis 117) und Hadrian (76 bis 138), Bedeutung.

Solche überaus kunstvolle, farbenfrohe Mosaike zierten Itálicas römische Paläste.

Wie kunstfertig die Römer Straßen zu bauen vermochten, ist in der antiken Metropole Itálica im Norden Sevillas bestens zu sehen.

Das Amphitheater von Itálica ist eines der größten erhaltenen aus der römischen Kaiserzeit. Seine gewaltigen Ausmaße beeindrucken auch den heutigen Besucher zutiefst.

Wenig Menschen, viele Bäume: Der Parque Natural de la Sierra Norte ist ein Paradies für Naturliebhaber.

Rechts: Korkeichen liefern nicht nur Kork, sondern auch Eicheln. Von diesen ernähren sich die weithin bekannten iberischen Hausschweine.

Allein die Ausdehnung der heute verfallenen Stadt beeindruckt. Schlendert man durch die schachbrettartigen Straßen mit ihren zwei sich kreuzenden Hauptachsen – Cardo Maximus und Decumanus Maximus – stößt man auf das Amphitheater. Mit einem Oval von 160 Metern Länge und 25 000 Plätzen ist es eines der größten erhaltenen aus der römischen Kaiserzeit.

Ausflug in die Sierra Morena

Kaum 70 Kilometer nördlich von Sevilla gibt es Gelegenheit, in eine andere, menschenleere Welt einzutauchen – die Sierra Morena. Da man hier im Winter die höchste Niederschlagsmenge in der ganzen Provinz misst, konnte eine überaus fruchtbare, üppig grüne und bewaldete Mittelgebirgslandschaft entstehen, die teilweise als »Parque Natural de la Sierra Norte« und »Parque Natural de la Sierra de Aracena« unter Schutz steht.

In der mediterranen Waldlandschaft mit ihren Stein- und Korkeichen, Kastanien sowie anderen Laubbäumen tummeln sich die berühmten iberischen Hausschweine. Diese dunklen Borstentiere leben fast ungestört in den Wäldern, fressen Eicheln und genießen ihr kurzes Leben, ehe sie als weltberühmter »jamón ibérico« enden. Die besten Schinken kommen aus dem Norden der Provinz Huelva, aus Orten in der Sierra de Aracena wie Aracena, Cortegana, Cumbres Mayores oder Jabugo.

Die fünf schönsten Erlebnisse in Sevilla

Feria de Abril
Alljährlich Ende April/Anfang Mai, etwa zwei Wochen nach Ostern, findet auf dem Festplatz im Viertel Los Remedios das größte Volksfest Spaniens statt, mit dem zugleich die Stierkampfsaison eingeläutet wird. Aktuelle Termine und Infos sind unter www.andalucia.com/festival/seville-feria.htm zu finden.

Die Kunst des »Tapear«
In Sevilla muss man es den Einheimischen gleichtun und am Abend auf »Tour« durch die Tapasbars gehen. Zu empfehlen sind die Lokale in der Calle Sierpes, in Triana oder in Santa Cruz, dort vor allem um die Plaza de la Alfalfa. »Tapear« nennen dies die Sevillanos. Eine der legendärsten und ältesten Tapasbars der Stadt ist das 1670 eröffnete El Rinconcillo in der Calle Gerona 4.

Ausflug in die römische Ruinenstadt Itálica
Neun Kilometer nordwestlich von Sevilla, bei Santiponce, kann man im Geburtsort der römischen Kaiser Trajan und Hadrian auf Spurensuche gehen. Als »Colonia Aelia Augusta Italicensium« erlebte die Veteranensiedung im zweiten nachchristlichen Jahrhundert ihre Blüte. (Conjunto Archeólogico de Itálica, Avd Extremadura, 2, Tel. 955 997 376, www.ayto-santiponce.es/turismo/italica.htm; in der Hauptsaison: Di-Sa 8.30-20.30, So/Feiertags 10-16 Uhr)

Wo Andalusiens berühmter Schinken herkommt
In der Waldregion der Sierra Norte und der Sierra Morena sind die berühmten, dunklen iberischen Hausschweine zu Hause. Wer einen Ausflug in die nördlich von Sevilla gelegene Sierra de Aracena unternimmt, sollte dort unbedingt in einem der Läden oder Lokale den jamón ibérico kosten.

Stilvoll nächtigen im Barrio Santa Cruz
Romantisch und modern zugleich: Rings um die Plaza de los Venerables gibt es sehr gut ausgestattete, geschmackvolle Apartments für zwei bis vier Personen, teils mit Dachterrasse (Casa Andaluza, Tel. 956 456 053, www.casa-andaluza.com, ab 80 Euro/Tag, 500 Euro/Woche).

An der »Küste des Lichts«, der Costa de la Luz, finden sich zahlreiche traumhafte Strände inmitten praktisch unberührter Natur.

Costa de la Luz

Die Küste des Lichts

Andalusien wird von zwei Küsten umschlossen, die unterschiedlicher nicht sein könnten. Anders als an der »Sonnenküste« am Mittelmeer hat der Massentourismus an der atlantischen »Küste des Lichts« noch kaum Spuren hinterlassen. Endlose Sandstrände, traumhafte Felsbuchten, das unter Naturschutz stehende Mündungsdelta des Río Guadalquivir und ein unberührtes Hinterland mit Eukalyptus-, Pinien- und Eichenwäldern sind die großen Vorzüge dieser Region.

Die drei nachgebauten Karavellen des Kolumbus' lassen im Freizeitpark »Muelle de las Carabelas« bei La Rábida die Vergangenheit aufleben.

Im Kloster Santa María de la Rábida holte sich Kolumbus Rat und betete für gutes Gelingen seiner Seereise in den unbekannten Westen.

Rechte Seite: Der Küstenabschnitt, der südlich von Cádiz beginnt und bis zur Straße von Gibraltar reicht, gehört zu den schönsten und wildesten Andalusiens.

Die Costa de la Luz ersteckt sich von Ayamonte im äußersten Westen der Provinz Huelva südlich bis zur Straße von Gibraltar. Ein Großteil gehört verwaltungstechnisch zur Provinz Cádiz, und deren Bemühungen ist es mit zu verdanken, dass der Tourismus noch nicht die Überhand gewonnen hat. Hinzu kommt, dass sich die Costa de la Luz weniger sanft und gefällig präsentiert als ihr Pendant im Süden. Es dauert um einiges länger, bis sich das Meerwasser erwärmt, zudem wehen oft heftige Winde, die eher von geübten Surfern als von Badegästen geschätzt werden. Man scheint in der Provinz Cádiz aus den Fehlern der Costa del Sol gelernt zu haben: Die meisten Strandabschnitte sind naturbelassen und im Hinterland dominiert neben teils unter Schutz stehenden Naturarealen die Landwirtschaft – Weinberge und Olivenhaine, Kampfstier-Zucht und Korkproduktion.

Auf den Spuren von Kolumbus

Ganz im Nordwesten liegt Huelva. Es scheint auf den ersten Blick wenig attraktiv – eine Industrie- und Hafenstadt, deren Hauptsehenswürdigkeit eine 30 Meter hohe Kolumbus-Statue an der Hafenzufahrt ist. Diese 1929 von der Amerikanerin Gertrude Vanderbilt Whitney geschaffene Skulptur hatten die USA der Stadt einst geschenkt. Nicht nur dieses Monument erinnert an den »Entdecker« Amerikas.

Östlich von Huelva, nur durch das breite Mündungsdelta des Río Tinto getrennt, findet sich eine Schwemmlandebene, in der Erdbeeren, Zitrusfrüchte und Weintrauben gedeihen. Gleich drei Ortschaften gibt es hier, die unmittelbar mit dem Seefahrer in Verbindung stehen: Moguer, Palos de la Frontera und La Rábida. Von hier aus war Kolumbus einst zu seiner ehrgeizigen Entdeckungsfahrt, die Indien zum Ziel hatte, in See gestochen.

La Rábida gilt als »geistige Geburtsstätte« der Kolumbus-Expedition. Der um 1451 in Genua geborene Kolumbus verfolgte schon früh eine fixe Idee: Er wollte einen direkten Seeweg nach Westen, nach Indien, finden und damit das lange, gefährliche Umfahren von Afrika und dem Kap der guten Hoffnung unnötig machen. Die meisten seiner Zeitgenossen schüttelten den Kopf, nur in eben diesem Kloster fand er zwei Männer, die von seiner Vision überzeugt waren: der Reeder und Kapitän Martín Alonso Pínzon aus Palos und der Franziskanerpater Juan Pérez. Letzterer nutzte seine Position als Beichtvater der spanischen Königin Isabella und überredete sie, eine kleine Flotte zu finanzieren.

Noch heute thront der weiße Komplex des Klosters Santa María de la Rábida über der Mündung des Río Tinto, wo ein Nachbau des Hafens aus dem 15. Jahrhunderts – »Muelle de las Carabelas« – realisiert wurde. Dort erinnern auch drei genau rekonstruierte Schiffe der Kolumbusflotte an jene Tage, als die Karavellen von hier in See stachen und im März 1493 zurückkehrten. Drei weitere Fahrten folgten, von Cádiz zu den Kleinen Antillen, nach Puerto Rico und Jamaica (1493 bis 1496), von Sanlúcar de Barrameda aus an die Nordküste Südamerikas (1498 bis 1500) und erneut von Cádiz nach Honduras und Panama (1502 bis 1504). Anerkennung blieb Kolumbus dennoch versagt: Während er selbst bis zu seinem Tod 1506 fest daran geglaubt hatte, das reiche Indien gefunden zu haben, hatte sich rasch herausgestellt, dass es sich »nur« um das »unkultivierte und wilde Amerika« handelte.

Strände, Marsch und Wälder

Den rund 50 Kilometer langen Küstenstreifen westlich von Huelva bis zur portugiesischen Grenze prägen Sandstrände. Sie sind gesäumt von Pinienwäldern, die immer wieder unterbrochen werden von »marismas«, ausgedehnten Marschregionen. Diese stehen teilweise unter Naturschutz. Dazu gehört beispielsweise der Paraje Natural Marismas del Odiel, eine Marsch- und Sumpflandschaft im Mündungsgebiet des Río Odiel. Mit seinen Lagunen und »salinas« (Salzseen) ist er zugleich ein bedeutendes Vogelparadies. Außerhalb der Ferienzeit präsentiert sich die Küstenregion westlich von Huelva fast als beschauliches Paradies, im Sommer jedoch, wenn Erholungssuchende die Apartmenthäuser und Hotelkomplexe in Orten wie Punta Umbría, Playa de la Antilla, Islantilla, Isla Cristina, Ayamonte oder Isla Canela bevölkern, geht es hier rund.

Der Parque Nacional de Doñana

Das riesige Mündungsgebiet des Río Guadalquivir gehört zu den ungewöhnlichsten Naturarealen Spaniens. Die Hälfte der über 100 000 Hektar, die seit den 1960er-Jahren unter Schutz stehen, macht der Parque Nacional Coto de Doñana aus, den täglich nur rund 250 Personen besuchen dürfen. Die Vielfalt an Vegetationszonen zwischen permanent überflutetem Marschland und trockenem Dünengürtel brachte eine enorme Pflanzenvielfalt und einen besonderen Artenreichtum an Vögeln hervor.

Da amphibische Biotope rar geworden sind, ist diese Feuchtregion, die etwa zwei Drittel des Schutzgebietes ausmacht, ein besonders wertvoller Lebensraum von Wasser-, Stelz- und Watvögeln. Die gefiederten Gesellen überwintern und brüten hier oder legen wie die Graugänse nur einen Zwischenstopp ein. Aber auch Säugetiere wie Damhirsch, Edelhirsch, Fischotter, Hase oder der selten gewordene Iberische Luchs, kehrten zurück. Zwar waren die Marschen und Wälder wegen ihres Wildreichtums einst ein beliebtes Jagdrevier des Adels, doch blieb die Region wegen der ständigen Überschwemmungen und Trockenheit großteils unbesiedelt. 1963 wurden erste Areale unter Schutz gestellt, sechs Jahre später dann der Nationalpark ins Leben gerufen, der 1994 Aufnahme in die UNESCO-Liste als »Erbe der Menschheit« fand.

»Viva la Paloma blanca«

Der Wind treibt Gestrüpp über Staubstraßen, irgendwo schlägt eine Tür und selbst die Adobebauten scheinen vor der unbarmherzig niederbrennenden Sonne den Schatten der wenigen Bäume zu suchen. So beginnen eigentlich Westernfilme, doch wir befinden uns in El Rocío, einem kleinen Nest am Rande des Doñana-Nationalparks, von dem es im Reiseführer heißt, dass es einer der bedeutendsten spanischen Wallfahrtsorte sei. Teerstraßen gibt es nicht, viele Häuser stehen ebenso leer wie die Koppeln und Ställe dazwischen.

Szenenwechsel: Pfingsten. Der Ort füllt sich bis an die Schmerzgrenze mit Menschen. Die »Rocieros« (Pilger) ziehen nach Bruderschaften geordnet in drei großen Strömen aus Sevilla, Huelva und Sanlúcar de Barrameda nach El Rocío – zu Fuß, zu Pferd oder mit Wagen. Nach der Ankunft am Pfingstsamstag gibt es abends Tanz, Gesang und Lagerfeuer-Romantik, ehe sich die Bruderschaften in ihre eigenen »Vereinsheime« zurückziehen. Am Sonntag folgt der Höhepunkt des Festes, die Prozession. Früh am Morgen wird der aus dem 13. Jahrhundert stammenden holzgeschnitzten Marienfigur reichlich Schmuck und ein Brokatmantel angelegt. Anschließend trägt die Bruderschaft aus Almonte »Santa María de las Rocinas« auf einem mit Blumen geschmückten Gestell aus der Kirche, um sie bei Sonnenaufgang unter lautstarken »Viva la Paloma blanca!«-Rufen zu präsentieren. Erst am Abend, wenn sich die ersten Pilgerzüge auf den Heimweg machen, kehrt allmählich wieder Ruhe ein.

Zur Weinprobe im Sherry-Dreieck

Keinem Spaziergänger entgeht in Jerez de la Frontera, Sanlúcar de Barrameda oder Puerto de Santa María der feine Duft von vergorenen Trauben. Schließlich befindet man sich hier mitten im berühmten Sherry-Dreieck Andalusiens, wo noch heute die mächtigen Bodegas – riesige luftige Hallen – das Bild prägen und die »Sherry-Barone« die Geschicke der Stadt bestimmen. »Sherry« leitet sich von der Stadt Jerez ab, in der schon seit der Antike Wein gekeltert wird. Die Briten fanden an dem leichten Wein aus der Traubensorte Palomino Gefallen und stiegen deshalb ins Geschäft ein.

Es ist die besondere Art des Ausbaus nach dem so genannten Solera-Criaderas-System, die aus einem gewöhnlichen Wein einen Sherry macht. Der Wein reift in Fässern, die meist in drei versetzt übereinander gestapelten Reihen liegen. Die Fässer der verschiedenen Ebenen enthalten Sherry des gleichen Typs in unterschiedlichen Reifegraden. Unten lagert der älteste, von dem mehrmals im Jahr bis zu einem Drittel für den Verbrauch abgezapft wird. Die Fehlmenge wird durch Sherry aus der darüber liegenden Reihe ersetzt, die

Typisch für die Bienenfresser ist ihr buntes Gefieder und der lange Schnabel. Ihren Namen verdanken die Vögel der Tatsache, dass sie sich vornehmlich von Bienen und Wespen ernähren, die sie im Gleitflug erbeuten.

Eine riesige Artenvielfalt an Vögeln bewohnt den Parque Nacional Coto de Doñana, dem größten Nationalpark Andalusiens, der sich zwischen dem Atlantik und der Mündung des Río Guadalquivir erstreckt.

Sein langer Schnabel, der aufrichtbare Federschopf und seine auffällige Zeichnung machen den Wiedehopf unverwechselbar.

El Rocío, ein kleines Nest am Rande des Doñana-Nationalparks, ist in ganz Spanien für zwei Dinge berühmt: die alljährlich stattfindende Wallfahrt »Romería del Rocío« und seine Pferdezucht.

wiederum aus sich darüber befindlichen Fässern mit jungem Wein aufgefüllt wird. Dieses »Verschneiden« über mehrere Jahre gewährleistet gleichbleibende Qualität und erklärt, warum Sherryflaschen nie eine Jahrgangsbezeichnung tragen.

Beim Sherry unterscheidet man zwei Grundtypen – Fino und Oloroso. Der Fino reift ohne Luftzufuhr unter einer natürlichen Hefeschicht, dem so genannten Flor (Blume), während Hefebildung beim Oloroso unerwünscht ist. Letzterer wird zudem stärker mit Weingeist versetzt, um so einen dunklen, alkoholhaltigeren Dessertwein zu produzieren. Ein Fino dagegen ist stets hell, trocken und leicht, ideal als kühl getrunkener Aperitif. Eine Besonderheit ist der Fino aus Sanlúcar de Barrameda, wo die feuchte Meerluft dem Wein eine besondere Note verleiht und einen eigenen Namen einbrachte: »Manzanilla«.

Ein Lehrstuhl für Flamenco

Was versteht man wohl unter Bulería, Cantiñas, Caña, Fandangos, Jaberas, Malagueña, Soleá, Trilla, Zambra, Zánganos? All das sind Namen für Ausprägungen des Flamenco, der in jeder andalusischen Landschaft, Stadt oder Ortschaft anders interpretiert wird. Flamenco ist vielseitig, aber eines ist er sicher nicht – die folkloristische Version mit Kastagnetten, welche den Touristen

Rechte Seite: Ende Juni werden anlässlich der »Saca de las Yeguas« die halbwilden Pferde, die in den weiten Feuchtgebieten des Doñana-Nationalparks leben, in El Rocío zusammengetrieben.

Oben: Die Bodega González Byass in Jerez de la Frontera zählt seit vielen Generationen zu den echten Größen im Sherry-Geschäft.

Unten: Schmucke Bodegas laden überall im klassischen »Sherry-Dreieck« zur Besichtigung und Verkostung ein.

vorgeführt wird. Um all die verschiedenen Facetten und Formen, die lange Geschichte und die Fortentwicklung des Flamenco zu erforschen und zu vermitteln, hat man in Jerez gar einen eigenen Lehrstuhl für den Flamenco eingerichtet.

Jerez de la Frontera ist nämlich nicht nur eine Hochburg der Sherry-Produktion, sondern auch die Geburtsstätte des Flamenco. Das Altstadtviertel Barrio de Santiago gilt als Wiege der »Bulería«, eines von der Gitarre begleiteten Flamenco-Gesangs, und im Palacio Pemartin befindet sich das Centro Andaluz de Flamenco. Es ist einerseits ein Museum, das Filme und Tonbandaufnahmen vorführt, Dokumente und Fotos zeigt, ein Veranstaltungs- und Kursprogramm anbietet, andererseits auch der Lehrstuhl für Flamenco und andalusische folkloristische Studien mit umfassendem Archiv und Bibliothek. In dieser Funktion widmet es sich dem Flamenco und seinen großen Interpreten, unter denen auch zwei berühmte »Einheimische« sind – der Sänger José Mercé und der Gitarrist Gerardo Nuñez.

El Caballo Cartujano

»Sie sind so behände und so schnell, dass man meinen könnte, ihre Stuten würden vom Wind begattet« – so schwärmte man im Mittelalter von jenen Pferden, die in der Region um Jerez gezüchtet wurden. Es waren jedoch die Kartäusermönche des im Süden der Stadt gelegenen Klosters Nuestra Señora de la Defensión (bekannt als »La Cartuja«), die im späten 15. Jahrhundert deutsche, italienische und andalusische Rassepferde zur so genannten Kartäuserrasse, dem »Caballo Cartujano«, kreuzten. Legendär wurde die »pura raza española« als Mitte des 18. Jahrhunderts Kartäuserhengste den Grundstock für die berühmten Lipizzaner des österreichischen Kaiserhofs bildeten.

Ebenso legendär geworden sind die Vorführungen in der berühmten Königlich-Andalusischen Hofreitschule, der »Real Escuela del Arte Ecuestre« in Jerez, obwohl es diese Reitschule erst seit 1973 gibt. Der Sherry-Baron und Gestütsbesitzer Don Álvaro Domecq Romero hatte sich zum Ziel gesetzt, die klassische und amerikanische Dressur des Westernreitens zu erhalten und das hohe Ansehen der Reitkunst und der andalusischen Pferderasse zu fördern. Ursprünglich waren die »Reales Maestranzas« eine berittene Militärabteilung, die für die Ausrichtung von Stierkämpfen verantwortlich war. Einzelne Figuren der hohen Dressurschule leiten sich deshalb auch vom Stierkampf zu Pferde ab, andere haben ihren Ursprung in bestimmten Arbeiten hoch zu Ross, wie dem Zusammentreiben oder Aussondern von Vieh oder dem Ziehen von landwirtschaftlichen Geräten oder Kutschen.

Sierra de Grazalema und Pueblos Blancos

Die »Küste des Lichts« ist mehr als Sonne und Strand, Flamenco und Sherry. Auch das Hinterland hat seine Reize. Die Sierra de Grazalema ist eine der ökologisch wertvollsten Landschaften Andalusiens – eine wild zerklüftete, felsige Karstlandschaft mit skurrilen Felsformationen, Gebirgszügen, Klippen, Schluchten, Grotten, Höhlen, Becken und Tälern. Dank reichlicher Niederschläge – den ergiebigsten auf der gesamten Iberischen Halbinsel – entstand eine vielfältige Flora und Fauna. Inzwischen hat der »naturnahe Tourismus« die kaum besiedelte Sierra de Grazamela erobert und der Parque

Natural de la Sierra de Grazalema wurde zum überaus beliebten Wandergebiet.

An die Berghänge der Sierra de Grazalema schmiegen sich Adlerhorsten gleich kleine Ortschaften, die scheinbar zwischen Himmel und Erde schweben. Mit dem Titel »Pueblo Blanco« schmücken sich inzwischen viele Orte in Andalusien, doch mit den legendären weißen Dörfern hier haben die meisten davon wenig zu tun. Ein solches »echtes« Pueblo Blanco ist Arcos de la Frontera, ein architektonisches Gesamtkunstwerk und zugleich günstiger Ausgangspunkt für eine Fahrt in die Bergwelt auf der »Ruta de los Pueblos Blancos«. Arcos thront hoch oben auf einem steilen Fels, unten schlängelt sich der Río Guadalete entlang. Die maurische Vergangenheit ist hier noch heute allgegenwärtig und beim Spaziergang durch die schmalen gewundenen Gassen fühlt man sich fast ein wenig an ein marokkanisches Bergdorf erinnert.

Tief in den Bergen der Sierra de Grazalema verstecken sich weitere sehenswerte Pueblos Blancos: Das kleine Grazalema beispielsweise, eines der schönsten weißen Dörfer der Region, liegt an einem Talhang – ein Beleg dafür, dass die Menschen in der unzugänglichen Bergwelt kaum Feinde fürchten mussten. Rund um Grazalema finden sich weitere weiße Dörfer wie Ubrique, das bekannt ist für seine Safran-Lederwaren, oder Zahara de la Sierra. Der gesamte Ortskern mit seinen engen Gas-

In den Bergen der Sierra de Grazalema verstecken sich die zur Wasserversorgung der vielen Pueblos Blancos lebenswichtigen Stauseen.

Rechts: Das Städtchen Olvera hat sich seinen ursprünglichen Charme bewahrt. Ein altes maurisches Castillo und die Kathedrale prägen die Silhouette der Stadt.

Linke Seite: Sentenil ist eines der erstaunlichsten Pueblos Blancos in Andalusien – einige Häuser wurden direkt unter einen überhängenden Fels gebaut.

sen und weißen, verschachtelten Häuschen des traumhaft gelegenen Dorfs steht unter Denkmalschutz. Sentenil ist schließlich eines der ungewöhnlichsten Pueblos Blancos: Direkt unter einen überhängenden Fels angelegt, wurden die Räume vieler Häuser direkt in den Stein hineingemeißelt.

Vom Meer umschlungen

Cádiz soll übrigens der griechische Sagenheld Herakles gegründet haben – tatsächlich sind Siedlungsreste aus der Zeit um 1100 vor Christus archäologisch nachweisbar. Den Phöniziern folgten die Römer, Westgoten und Mauren – im Lauf der Zeit entstand auf der Insel, die der Bucht Bahía de Cádiz vorgelagert ist, eine bedeutende Siedlung. Die etwa neun Kilometer lange Landzunge, die heute die Stadt mit dem Festland verbindet, entstand allerdings erst im 19. Jahrhundert durch Landaufschüttung.

Eine gewisse Dekadenz, langsam bröckelnder Putz und verblichener Glanz, Wohlstand und Prunk, Hafen und Handel prägen das Gesicht dieser Stadt – die Atmosphäre erinnert ein wenig an Neapel. Das Beste an Cádiz ist jedoch, dass es im Vergleich zu anderen Provinzhauptstädten angenehm »ursprünglich« und kaum touristisch ist, gleichzeitig aber sehr viel zu bieten hat. Und mit rund 3000 Jahren Geschichte auf dem Buckel

Links: In den alten Vierteln von Cádiz scheint die Zeit stehen geblieben zu sein – vom Trubel und der Hektik einer Großstadt ist hier zum Glück nichts zu spüren.

zählt sie zu den ältesten kontinuierlich besiedelten Metropolen Europas.

Während die alten Stadtviertel wie etwa das Barrio del Pópulo, Santa María oder La Viña für Tradition und Ursprünglichkeit stehen, verkörpert die Neustadt auf der Landzunge Cádiz' Aufbruch in die Moderne. Ihre Blüte erlebte die Hafenstadt während der spanischen Kolonialzeit, nachdem Alfonso X. im Jahr 1262 die Stadt erobert hatte und hier die Handelsschiffe aus den Kolonien anlegten. Während eines Rundgangs, der am besten an der zentralen Plaza San Juan de Díos mit dem Rathaus beginnen sollte, sieht man die prachtvollen Handelshäuser aus dem 17. und 18. Jahrhundert. Schnell wird dem Besucher bewusst, dass hier einmal großer Wohlstand und eine feine Lebenskultur herrschten. Natürlich machte das so manchen neidisch – eine britisch-niederländische Flotte zerstörte die Stadt 1596.

Näherte man sich Cádiz von der Atlantikseite her, verstünde man am ehesten, weshalb das Panorama aus pastellfarbenen Häusern und der Nueva Catedral an der Calle Campo del Sur immer wieder mit der kubanischen Metropole Havanna verglichen und als Filmkulisse genutzt wird. Doch noch zwei andere Dinge haben Cádiz berühmt gemacht: 1812 verabschiedeten die stets unabhängig denkenden Bürger der Stadt Spaniens erste liberale Verfassung nach dem Vorbild der französischen

Rechte Seite: An der Calle Campo del Sur erhebt sich die Nueva Catedral, die Neue Kathedrale. Das prächtige, zwischen 1722 und 1855 erbaute Gotteshaus, wird von barocken und klassizistischen Stilelementen geprägt.

wie die Costa del Sol. Eine einzige Straße, die N-340 oder »Ruta del Atlantico« verbindet die Strandgemeinden miteinander.

Chiclana de la Frontera ist der eigentlich eher unscheinbare zentrale Ort einer ebensolchen Urlaubsregion. Er liegt nahe der Mündung des Río Iro, am Rand ausgedehnten Marschlands. Berühmt sind die vorgelagerten Strandkommunen für ihre scheinbar endlosen Sandstrände und ihr vielseitiges Hotelangebot. Doch ehe man sich dort dem süßen Nichtstun hingibt, empfiehlt sich ein Abstecher ins Landesinnere, nach Medina Sidonia. Dieser Ort ist nicht nur ein geschichtsträchtiges Pueblo Blanco, sondern genießt zugleich ein hohes Ansehen in Sachen Pferde- und Kampfstierzucht.

Einst saßen die Fischer nach getaner Arbeit am Strand und schlürften einen Fino ehe sie ihre Netze flickten. Heute sind diese beschaulichen Zeiten vorbei, denn aus dem ehemaligen Fischerdorf Conil de la Frontera ist eine der beliebtesten Urlaubsdestinationen der

Revolution. Und bis heute gilt der Karneval von Cádiz als der ursprünglichste und ungewöhnlichste im Land. Über drei Wochen herrscht Festtagsstimmung, gibt es Umzüge und Veranstaltungen. Ein Höhepunkt ist dabei der Wettbewerb der Chöre mit einstudierten Gesängen und Spottliedern.

Entlang der Ruta del Atlántico

Der Küstenabschnitt südlich von Cádiz bis zur Straße von Gibraltar gehört zu den schönsten Andalusiens. Trotz seiner einladenden Strände und malerischen Felsbuchten ist dieser Streifen – abgesehen von einigen Feriensiedlungen – bei weitem nicht so stark erschlossen

Oben: Das 1926 errichtete Balneario de la Palma am Stadtstrand von Cádiz diente früher als Badehaus. Heute hat hier ein Forschungsinstitut seinen Sitz.

Links: An der Playa de la Caleta, dem einzigen Strand in der Altstadt von Cádiz, versammeln sich auch Einheimische, um die Sonne und die Meeresbrise zu genießen.

Atlantikküste geworden. Ungeachtet dessen hat sich das Städtchen seinen Flair als echtes Pueblo Blanco mit altem Ortskern bewahrt – statt auf Massenabfertigung, Kommerz und gesichtslose Uniformität setzt man auch hier auf den »sanften Tourismus«, Ferienwohnungen und Familienpensionen.

Ob die eng verwinkelte Altstadt nun maurischen Charakter hat oder die Architektur einfach dem in südlichen Ländern vorherrschenden Baustil entspricht – die Antwort ändert nichts an der Schönheit des Nachbarortes von Conil, Vejer de la Frontera. Unzählige Besucher und natürlich die Einheimischen sind sich sowieso sicher: Dies ist eines der schönsten weißen Dörfer Andalusiens. In der Tat hat der alte Dorfkern seit Jahrhunderten kaum Veränderungen erfahren: weiß getünchte Häuser, enge Gässchen und blumengeschmückte Patios machen einen Bummel durch den Ort, der im Jahre 1976 zum »Conjunto Histórico Artistico«, zum geschützten Bauensemble erklärt wurde, zum Erlebnis.

Je weiter die Fahrt auf der Ruta del Atlantico in den Süden führt, umso zerklüfteter wird die Küste und umso häufiger weicht die Straße ins Hinterland aus. Nur hin und wieder führen Stichstraßen an den Atlantik, zum Beispiel in die malerische Bucht von Bolonia, welche die Ruinen der antiken römischen Hafenstadt Baelo Claudio beherbergt. Obwohl hier nur wenige Areale ausgegraben wurden, gibt diese Stätte dem Besucher eine gute Vorstellung davon, wie bedeutend diese Handelsmetropole einst gewesen sein muss. Sie war übrigens besonders wegen der kulinarischen Spezialität Garum, einer Soße aus gegärten Fischresten, im ganzen Römischen Reich bekannt.

Afrika ganz nah

Der Wind wird heftiger und weht einen fast vom Strand. Was die Nerven von Badefreunden und Sonnenhungrigen strapaziert, erfreut ambitionierte Windsurfer. Rund 300 Tage im Jahr sind an der Küste nördlich der Hafenstadt Tarifa Winde von durchschnittlich 4,5 Beaufort Stärke gang und gäbe. Sie locken vor allem ein jugendliches Publikum auf die Wellen. Dennoch geht es hier trotz zahlreicher Wassersportschulen und

Über den verwinkelten Gassen von Cádiz, der vom Meer umschlungenen Handelsmetropole der spanischen Kolonialzeit, erhebt sich stolz die Kathedrale.

An Wind herrscht an der Costa de la Luz kein Mangel, doch solche Windmühlen sind heute bedeutungslos.

Die idyllische Altstadt von Vejer de la Frontera steht bereits seit 1976 als »Conjunto Histórico Artistico« unter Denkmalschutz.

Siesta im Schatten: In die Gassen von Vejer de la Frontera kehrt zur Mittagszeit Ruhe ein – die Uhr scheint stehen geblieben zu sein.

... über die Dünen der Cota de la Luz bei Bolonia ...

... bis hin zu großen Feldern, hier ein Mohnfeld bei Olvera.

Die Provinz Cádiz präsentiert sich vielfältig: Von der Mittelgebirgslandschaft der Sierra de Grazalema ...

Links: Die malerische Bucht von Bolonia ist im Frühling von einem farbenfrohen Blütenteppich bedeckt.

-verleihstationen, Bars und ein paar Diskotheken noch vergleichsweise ruhig zu. Der Ort hat sich – ganz entgegen seinem Ruf – eine gewisse Ursprünglichkeit erhalten und strahlt einen eigenen, fast afrikanischen Charme aus.

Kein Wunder, bei nur 15 Kilometern Entfernung zum schwarzen Kontinent! Tarifa liegt strategisch günstig am Beginn der Straße von Gibraltar und nahm daher schon immer eine strategische Schlüsselfunktion ein. Auch den Namen erhielt die Stadt von einem Afrikaner – von dem Berberfürsten Taríf Ibn Málik, der hier im Jahr 710 als erster Muslim spanischen Boden betrat. Erst 1292 konnten die Christen den Ort zurückerobern, doch die erbitterten Kämpfe zwischen den Gegnern setzten sich noch lange fort. Berühmt wurde dabei der Stadtkommandant Alonso Peréz de Guzmán, der während einer Belagerung seinen eigenen Sohn opferte, um die Stadt zu retten. Zum Dank und zur ewigen Erinnerung an diese Tat setzte man ihm ein Denkmal und nannte ihn »El Bueno«, den Guten.

Gibraltar – das Tor zu Afrika

Den Endpunkt der Ruta del Atlantico bildet die Bucht von Algeciras mit der gleichnamigen Industriestadt, dem Haupthafen und »Tor zu Nordafrika«. Im Osten der Bucht erhebt sich der berühmteste Felsen Europas

Rechte Seite: Die Strände rund um die alte Hafenstadt Tarifa sind bekannt für ihre heftigen Winde – daher sind sie ein Paradies für Drachenflieger, Kite-Surfer, Segler und Surfer.

Rechts: In den verwinkelten Gassen von Tarifa kann man sich bei einem gemütlichen Stadtbummel vom quirligen Strandleben erholen.

Die Hafenstadt Tarifa strahlt afrikanischen Charme aus – schließlich liegt der »schwarze Kontinent« kaum mehr als 15 Kilometer entfernt.

etwa 430 Meter hoch aus dem Mittelmeer: Gibraltar – der Sage nach eine der beiden Säulen des Herakles. Die Einheimischen sind stolz darauf, seit 1704 Teil des britischen Königreichs zu sein – entsprechendes Flair herrscht im Hauptort.

Bekannt ist der markante Fels besonders wegen der dort lebenden Makaken – schwanzlosen Meerkatzen –, die einzige frei lebende Affenart in ganz Europa. Die Tiere wurden der Überlieferung nach bereits von den

Berbern mitgebracht. Eine andere Geschichte erzählt, dass sie britische Garnisonssoldaten zu ihrer Unterhaltung mitbrachten.

Zugegebenermaßen ist der Blick vom Felsen sehr beeindruckend, doch die meisten Grenzgänger haben weder einen Blick dafür noch für das eher hässliche Umfeld mit kommerziellen Hafenanlagen und gesichtslosen Apartmentblöcken. Sie kommen, um zollfrei einzukaufen und nehmen dafür endlose Staus am Grenzposten und horrend hohe Parkgebühren in Kauf. Und machen sich kaum Gedanken darüber, dass der »britische Fels« wie ein bohrender Stachel im Fleisch der stolzen Andalusier sitzt.

Die fünf schönsten Erlebnisse an der Costa de la Luz

Wallfahrt oder Pferdetreiben
Am Pfingstsonntag findet in El Rocío eine der bedeutendsten Wallfahrten Spaniens statt (Unterkunft reservieren, z. B. Hotel Toruño, Pza del Acebuchal, 22, Tel. 959 442 626, Fax 959 442 338). Ende Juni ist die »Saca de las yeguas«, während der die Pferde der Doñana zusammengetrieben werden. Toll ist eine Tour durch den Parque Nacional Coto de Doñana (Infos: Centro de Recepción El Acebuche, Tel. 959 448 711).

Sherry-Probe
Im »Sherry-Dreieck« zwischen Jerez de la Frontera, El Puerto de Santa María und Sanlúcar de Barrameda, laden zahlreiche Bodegas zu Touren und Proben ein, zum Beispiel in Jerez González Byass oder Sandemann, in San Lucar La Gitana oder in El Puerto Osborne. Infos: www.sherry.org und www.sherry.de.

Idyllische Dörfer erleben mit Casa Andalusa
Sanfter Tourismus wird an der »Küste des Lichts« ganz groß geschrieben. Daher sollte man den gleichförmigen Strandhotels die hübschen Apartments oder Häuschen in malerischen Orten wie Conil oder Vejer vorziehen. Ein breit gefächertes und qualitativ herausragendes Angebot bietet Casa Andaluza (siehe Reiseinfos, Reiseveranstalter).

Wassersport in Tarifa
Freunde des rasanten Wassersports finden in Tarifa ihr Paradies – hier gibt es alles, was ihr Herz begehrt. Also auf zum Segeln, Wind- und Kitesurfen!

Flamenco
Jerez de la Frontera gilt als Wiege und Hochburg des andalusischen Flamenco, mit Flamenco-Universität, Museum und Kulturzentrum (Pza de San Juan, 1, Mo-Fr 9-14 Uhr, Abendveranstaltungen). Hier und in den Musikkneipen (z. B. Peña El Laga de Tio Parrilla, Pza del Mercado; Peña Flamenca Tio José de Paula, C/ Merced 11) wird »echter« Flamenco geboten.

Kaum zu glauben:
Selbst an der viel
besuchten Costa
del Sol finden sich
einsame Strände,
wie hier in Nerja.

Costa del Sol

Das Ferienparadies am Ende Europas

Die »Sonnenküste«, Andalusiens bilderbuchhaftes Ferienparadies und touristisches Aushängeschild, hat viele Gesichter: Übervölkerte Strände und stereotype Hotelburgen, Diskos und Strandbars, einsame und wildromatische Buchten, steile Schluchten und bizarre Felslandschaften, alte maurische Festungen und berühmte Stierkampfarenen, brodelnde Metropolen und verschlafene Bergdörfer.

Oben: Das Museo Picasso ist die jüngste Sehenswürdigkeit Málagas. Es würdigt den berühmtesten Sohns der Stadt, Pablo Picasso.

Unten: In den Gassen der Altstadt trifft man immer wieder auf Spuren des bedeutendsten Künstlers des 20. Jahrhunderts.

Rechte Seite: Ein üppiger mediterraner Garten umgibt das prächtige Rathaus von Málaga, der Hauptstadt der gleichnamigen Provinz.

Die Costa del Sol umfasst streng genommen den rund 350 Kilometer langen Küstenabschnitt am Mittelmeer, der von der Südspitze bei Gibraltar bis zum Cabo de Gata, östlich der Hafenstadt Almería reicht. Verwaltungstechnisch haben vier andalusische Provinzen – Cádiz, Málaga, Granada und Almería – Anteil an diesem Küstenstreifen – um Verwirrung auszuschließen, bezeichnet man daher im allgemeinen Sprachgebrauch nur den rund 110 Kilometer langen Abschnitt westlich von Málaga »Costa del Sol«. Die anderen Provinzen haben eigene werbewirksame Namen gewählt: So spricht man in der Provinz Granada von der »Costa Tropical«, in Almería von der »Costa de Almería« und Cádiz nennt seinen Abschnitt zwischen La Línea und Sotogrande »Costa Gaditana«.

Das ganzjährig milde, mediterrane Klima hat entlang der Küste eine mehr oder weniger dicht besiedelte Urlaubsregion entstehen lassen. Der Kern und Ursprung des Areals, das sich westlich von Málaga über Marbella hinaus erstreckt, ist das größte zusammenhängende Feriengebiet Europas. Diese Entwicklung ist umso erstaunlicher, als der Küstenstreifen noch vor hundert Jahren als »Endpunkt Europas«, als Ödland kurz vor Afrika galt. Nach dem großen Tourismusboom in den 1970er-Jahren mit all seinen negativen Begleiterscheinungen durchlebte die Region in den späten 1980er-Jahren eine Krise.

Nur ganz allmählich scheinen Bemühungen zu fruchten, die Lage ökologisch und optisch wieder in den Griff zu bekommen. Kläranlagen, strengere Bauvorschriften und ökologisch orientierte Hotelprojekte sowie die Neugestaltung ganzer Strandabschnitte haben den zeitweise schlechten Ruf der Costa del Sol verbessert. Zahlreiche Strände tragen heute die begehrte Blaue Flagge für hervorragende Sauberkeit von Wasser und Sand, und die Region genießt hohes Ansehen als exklusives Golfparadies und als angenehmer Altersruhesitz.

Die Heimat Picassos

Pablo Picasso (1881 bis 1973) hat nie viel Aufhebens über seine Heimat gemacht. Der wohl bedeutendste moderne Künstler aller Zeiten war ein waschechter Andalusier, geboren in Málaga, der Hauptstadt der gleichnamigen Provinz. Die nach Sevilla zweitgrößte Stadt Andalusiens (zirka 575 000 Einwohner), eine phönizische Gründung, liegt malerisch am Fuß der Montes de Málaga in einer lang gezogenen Bucht der Costa del Sol, der Bahía de Málaga. Seit langem ist Málaga vielen Menschen ein Begriff: Der große und moderne Flughafen gilt als »Hauptdrehscheibe« für Urlauber mit dem Ziel Costa del Sol – jährlich werden hier an die zehn Millionen Touristen abgefertigt und meist vom Airport mit Bussen schnurstracks zum pauschal gebuchten Stranddomizil gefahren.

Schade, denn eigentlich würde Málaga mehr Beachtung verdienen. Nicht nur Pablo Picasso, das bekannte Málaga-Eis und der Málaga-Wein sind Aushängeschilder der Stadt. Wenn man sich vielleicht auch hinsichtlich historischer Schätze und Sehenswürdigkeiten nicht mit Granada, Sevilla oder Córdoba messen kann, gibt es dennoch eine reizvolle Altstadt, eine moderne Strandpromenade am Hafen und eine berühmte Stierkampfarena namens »Málagueta«. Auffällig ist die üppige subtropische Vegetation und die Tatsache, dass sich die Stadt trotz ihrer Nähe zu den großen Fremdenverkehrszentren ursprünglich und wenig touristisch gibt. Zu-

Die Alcazaba thront hoch über den Häusern Málagas. Dieser Festungspalast wurde im 11. Jahrhundert erbaut.

Málaga ist nicht nur ein Verkehrsknotenpunkt für viele Besucher der Costa del Sol, sondern auch eine attraktive und lebensfrohe Hafenstadt.

dem sind die Malagueños für ihre ungeheure Lebenslust und überschäumende Freude am Feiern weit über die Stadtgrenzen hinaus bekannt.

Über den Dächern von Málaga

Zu den unvergleichlichen Erlebnissen in Málaga gehört der Aufstieg zur maurischen Festung, die eine der eindrucksvollsten und größten Spaniens ist. Hoch über Bucht und Stadt thront seit dem 14. Jahrhundert das sechstürmige Castillo de Gibralfaro. Es bildet eine Einheit mit der Alcazaba, dem im 11. Jahrhundert erbauten und später erweiterten Festungspalast. Nach der Eroberung der Stadt durch die Christen im Jahr 1487 war vor allem die Alcazaba dem Verfall preisgegeben, doch seit einigen Jahren sind hier wie am Castillo Renovierungsarbeiten im Gange. Durch mehrere Mauerringe gelangt man zu den Palasträumen, durchstreift prächtige Patios und Gärten, ehe man die Aussicht vom Torre del Homenaje genießt, in den demnächst zwei Museen einziehen werden.

Die 1528 begonnene Kathedrale von Málaga dominiert nicht nur die Altstadt, sie gehört auch zu den beeindruckendsten Kirchen Andalusiens. Errichtet wurde sie nach den Plänen der berühmten Baumeister Pedro López und Diego de Siloë an der Stelle einer Moschee. An dem Prachtbau waren hier über die Jahrhunderte verschiedene große Künstler tätig: Enrique de Egas, Andrés de Vandelvira oder Diego de Vergara, um nur einige zu nennen. Geweiht wurde die Kirche 1588, zu dieser Zeit war sie allerdings bei weitem noch nicht fertig. 1769 brach man aus finanziellen Gründen die Arbeiten ab und selbst heute kann von einem vollendeten Bau nicht die Rede sein: Von den flankierenden Türmen wurde nämlich nur der über 90 Meter hohe nördliche errichtet, das ursprünglich geplante Pendant fehlt. Daher nennen die Malagueños ihre Kathedrale auch liebevoll »La Manquíta« – »die kleine Einarmige«.

Málagas Altstadt – eine Hommage an Picasso

Schlendert man durch die Gassen der Altstadt, stößt man immer wieder auf die Spuren des berühmtesten Sohnes der Stadt, Pablo Picasso. Und das, obwohl er nur die ersten zehn Jahre seines Lebens hier verbracht hat. In der Casa Natal de Picasso, einem Haus an der Plaza de la Merced, wo der Künstler am 25. Oktober 1881 zur Welt kam, befindet sich heute ein kleines Museum mit Keramik, Buchillustrationen und Grafiken des großen Meisters. In der Calle Granada duckt sich zwischen prunkvolle Paläste die Iglesia del Santiago, die um 1490 im Mudéjar-Stil erbaut wurde. In dieser Kirche wurde der kleine Pablo Ruiz Picasso getauft.

Nur wenige Schritte weiter, in der Calle San Agustín, eröffnete vor kurzem im Palacio de Buenavista, einem typisch andalusischen Herrenhaus im Renaissance- und Mudéjar-Stil, die neue Hauptattraktion der Stadt, das Museo Picasso. Auf beachtlichen 8300 Quadratmetern Fläche sind über 200 Werke aller Schaffensperioden und Genres zu sehen. Die Exponate stammen zu drei Vierteln aus dem Besitz von Schwiegertochter Christine und Sohn Bernard Ruiz Picasso. Ein Museum in Málaga – es existieren bereits Museen in Barcelona und Paris – war ein Traum Pablo Picassos , der sich lange nach seinem Tod im Jahr 1973 nun endlich verwirklicht hat.

Um das neue Picasso-Museum erstrecken sich die Gassen des Handwerkerviertels Pasaje Chinitas. Sie geben uns eine gute Vorstellung vom Málaga der Vergangenheit. Westwärts schlendernd erreicht man die Plaza de la Constitución, das Herz der Altstadt, wo man auch auf die Haupteinkaufsstraße, Calle Marqués de Larios, stößt. Von hier sollte man rasch einen Abstecher zum Mercado Central einplanen, um sich beispielsweise hundert Gramm des köstlichen »jamón ibérico (de bellota)« oder »jamón de pata negra« zu gönnen, jenes legendäre Räucherfleisch der Eichelschweine.

Massentourismus und Luxusidyll

Was ist es, das den Abschnitt der Costa del Sol westlich von Málaga so anziehend macht, dass sich hier beinahe ganzjährig Heerscharen von Besuchern tummeln? Orte wie Fuengirola oder Torremolinos zwischen Málaga und Marbella, mit ihren grau-uniformen Betonburgen, ihren »Schnitzelhäusern« und Strandbars, klischeehaften Flamenco-Shows und kitschigen Souvenirshops muss man eigentlich als Beispiele für die touristischen Fehlentwicklungen an der Costa del Sol bezeichnen. Als empfehlenswerte Urlaubsdestinationen erscheinen sie auf den ersten Blick eher nicht.

Und dennoch findet man selbst hier, abseits der Strände, beschauliche Ecken, die der Massentourismus weitgehend verschont hat. Da sind beispielsweise die nur wenige Kilometer nördlich, im Landesinneren an den Berghängen liegenden Pueblos Blancos Mijas und Benalmádena Pueblo. In diesen beliebten Tagesausflugszielen kehrt am Abend Ruhe ein und dann spürt man noch ein wenig, wie es hier in alten Zeiten einmal gewesen sein muss. Und wie es James Michener als er in den 1970er-Jahren sein Buch »Die Kinder von Torremolinos« schrieb, noch erlebt hat.

Oben: Der mondäne Mittelpunkt der Costa del Sol heißt Marbella – und dessen Herz ist der legendäre Jachthafen Porto Banús.

Prominente aus aller Herren Länder, arabische Ölscheichs, aber auch »Normaltouristen« genießen am Strand von Marbella die Sonne.

Casares ist eines der zahlreichen malerischen Pueblos Blancos, die im Hinterland von Málaga, vor allem in der Serranía de Ronda liegen.

Weniger der Massentourismus als exklusive Ferienresidenzen, Bungalowdörfer, Ressortanlagen und Jachthäfen prägen die Region weiter westlich um Marbella. »Que mar bella!« soll Königin Isabella 1485 angesichts der Schönheit dieses Ortes begeistert ausgerufen und damit Marbella zu seinem Namen und Ruf verholfen haben. Die zweitgrößte Stadt an der Costa del Sol war und ist der mondäne Mittelpunkt der »Sonnenküste« und konnte, wie die Dichte mehrsterniger Hotels und Restaurants belegt, seinen exklusiven Charakter bewahren. Am legendären Porto Banús mit seinen schicken Freiluftcafés hält man Ausschau nach Prominenten auf dem Weg zu ihren Millionenjachten, erblickt allerdings häufig »nur« arabische Ölscheichs, die ebenfalls gerne hier Urlaub machen. Marbella gibt sich sauber und gepflegt, es grenzt sich klar von den Massentourismuszentren ringsum ab und hat zudem eine hübsche Altstadt.

Ursprüngliches Andalusien

Vielfach misst die »Sonnenküste« nur wenige Kilometer an Breite, dann beginnen bereits Ausläufer der Cordilleras Béticas als malerische Hintergrundkulisse. Das Hinterland der Costa del Sol hat nicht nur faszinierende Natur und Berge zu bieten, sondern auch eine Reihe schöner Pueblos Blancos. Teile der Bergregion stehen unter Naturschutz, wie der Parque Natural de los Alcornocales – der den größten Korkeichenwald Europas beherbergt – oder der Parque Natural de la Sierra de Grazalema. Sie sind beide Teil der Provinz Cádiz und im Übergangsbereich zwischen der »Küste des Lichts« im Westen und der »Sonnenküste« im Osten gelegen.

Näher an Málaga liegt ein dritter Naturpark im Hinterland, der Parque Natural Sierra de las Nieves.

Dieser verdankt seinen Namen der Tatsache, dass auf seinen Berggipfeln bis weit ins Frühjahr hinein Schnee (»la nieve«) liegt. Obwohl es sich auch hier um eine Landschaft handelt, die, zumal sie in nächster Nähe zu den Strandorten liegt, das Herz von Wanderern und Naturfreunden höher schlagen lässt, verirren sich bislang kaum Besucher hierher. Neben karstigen Hochebenen finden sich im Park weite Laubwälder, doch auch verschiedene Koniferen wie Eibe, Wacholder, Aleppokiefer und die ungewöhnliche Igeltanne (abies pinsapo) sind heimisch. Letztere bildet hier in der Sierra de las Nievas den einzigen ausgedehnten Wald Europas.

Der Park ist Teil der Bergkette südöstlich von Ronda, der Serranía de Ronda. Diese ist bekannt für ihre Pueblos Blancos, die sich am Fuße einer alten Festung an einen Berghang ducken. Hier finden sich eng verschachtelte und weiß getünchte Häuser entlang gewundener Gassen. Viele der Dörfer – wie Gaucín oder Casares – sind sehr alt und dienten wegen ihrer überaus abgeschiedenen und schwer zugänglichen Lage lange Zeit als beliebte Zufluchtsorte für Schmuggler und Straßenräuber.

Ein magischer Ort

Schon Ernest Hemingway schwärmte von Ronda und Luise Rinser nannte es einmal einen »magischen Ort auf einem Felsen«. Ihre spektakuläre Lage an der Abbruchkante eines Hochplateaus, ihre maurische Altstadt und die Plaza de Toros, die älteste Stierkampfarena Spaniens, machen die kleine Stadt im Hinterland der Costa del Sol in der Tat zu einem Highlight Andalusiens.

Ronda thront einem Adlerhorst gleich ganz hoch oben, beiderseits der kaum 100 Meter breiten und bis zu 160 Meter tiefen Schlucht des Río Guadalevín, der auch »Tajo« genannt wird. Diese spektakuläre Lage lockte schon früh Besucher: Bereits im Jahr 1904 eröffnete das Hotel Reina Victoria – in seinen Luxuszimmern residierten britische Offiziere. Doch auch Schriftsteller und Künstler lernten rasch die Herberge und den Ort schätzen, unter ihnen auch Rainer Maria Rilke, der im Winter 1912/13 hier weilte und schwärmte: »… eine unvergleichliche Gegend, ein Riese aus Fels, der auf seinen Schultern eine kleine, weiße Stadt trägt.« Rilke war nicht der einzige »Prominente« im Ort, auch Orson Welles, Ernest Hemingway, Alexandre Dumas, Théophile Gautier und Gustave Doré ließen sich hier inspi-

In den kleinen Orten im Hinterland der Costa del Sol findet man noch beschauliche Winkel, die weitgehend vom Massentourismus verschont geblieben sind.

unten: Die engen Gassen der Pueblos Blancos im Hinterland der Costa del Sol, hier Gaucin, laden Besucher zum geruhsamen Bummel ein.

Links: An der Costa Tropical, im Hinterland von Maro, weidet ein Hirte seine Ziegen.

rieren. Der Philosoph und Dichter José Sánchez de Murillo wurde hier geboren.

Die Heimat des Stierkampfes

Hemingway interessierte sich allerdings weniger für die Landschaft als den Stierkampf. Bis heute übt Ronda magische Wirkung auf alle Aficionados des Stierkampfs aus. Von hier stammt auch die legendäre Torerofamilie Romero. Pedro Romero (1754 bis 1839) sind die »Regeln von Ronda« zu verdanken, die erstmals Richtlinien für den Kampf eines unberittenen Matadors gegen einen Stier vorgaben. Mehr noch als die Romeros verehrte Hemingway jedoch den Klan der Ordoñes. An Vater und Sohn, zwei der größten Matadoren des 20. Jahrhunderts, erinnern zwei Denkmäler vor der berühmten Arena von Ronda.

Die Plaza de Toros ist eine der ältesten Stierkampfarenen Spaniens. Bei dem 1785 errichteten Kampfplatz handelt es sich um ein beeindruckendes Baudenkmal mit zweigeschossigen Arkaden, unter denen sich 4785 Sitzplätze verbergen. Die Anlage mit zugehörigem Museum kann täglich besichtigt werden, allerdings bietet sich nur zweimal im Jahr, anlässlich der Ferias, Gelegenheit, Stierkämpfe live zu erleben. Während so genannter Corridas Goyescas treten die Toreros dann in historischen Gewändern aus der Zeit Goyas auf, die an-

Rechte Seite: Fast hat es den Anschein, in Algatocin spielte die Zeit überhaupt keine Rolle – so beschaulich geht das Leben hier seinen Gang.

hand seiner Bilder rekonstruiert wurden. Einem breiten Publikum wurde die Arena durch die Verfilmung der Oper »Carmen« mit Julia Miguenes und Placido Domingo bekannt. Treffender hätte man es nicht machen können, basiert doch Bizets Oper auf einer wahren Begebenheit in Ronda!

Bizarre Felsen und tiefe Schluchten

Angesichts der bizarren Felsformationen der Region glaubt man sich in den »Wilden Westen« Nordamerikas versetzt – dabei befindet man sich keine 50 Kilometer nördlich von Málaga. In der Tat gehört der Parque Natural Torcal de Antequera zu den landschaftlich eindrucksvollsten und geologisch ungewöhnlichsten Gebieten Andalusiens. Es handelt sich bei diesem Naturpark um ein Felslabyrinth rings um das bis zu 1336 Meter hohe Kalkplateau El Torcal, das durch Auffaltungsprozesse, Wind und Regen über die Jahrtausende geformt wurde. Gesteinsschichten unterschiedlicher

Ronda thront stolz wie ein Adlernest hoch oben, beiderseits der tiefen Schlucht des Río Guadalevín, an der Kante eines Hochplateaus.

Zahlreiche Literaten und Künstler waren von Ronda begeistert – die Schriftstellerin Luise Rinser nannte das Dorf einen »magischen Ort auf einem Felsen«.

Zusammensetzung, Struktur und Farbe wechseln sich ab, sind unterschiedlich stark verwittert und bilden skurrile Felstürme und -nadeln mit scheibenartigen Strukturen. Am Nordrand des Parks liegt das reizvolle Städtchen Antequera, weithin sichtbar markiert durch die »Peña de los Enarmorades«, den »Fels der Verliebten«. Der Name dieses etwa 870 Meter hohen Berges geht auf eine traurige Liebesgeschichte zurück: Ein Christ und eine Maurin liebten sich so sehr, dass sie den Freitod einer erzwungenen Trennung vorzogen. Sie stürzten sich angeblich eng umschlungen von diesem Felsen in den Tod.

Antequera ist trotz seiner Nähe zur Küste beschaulich geblieben. Die gesamte Altstadt steht unter Denkmalschutz und ist allein wegen ihrer Stadtpaläste mit schönen Patios, ihrer Klöster und Kirchen sehenswert. Die geschützte Lage und die Fruchtbarkeit der Ebene ringsum hat – wie Grabfunde belegen – schon im Megalithikum Menschen angezogen. An die Herrschaft der Mauren erinnert dagegen die über der Stadt thronende Festung, von der sich ein spektakulärer Ausblick auf die gesamte Region bietet.

Das zweite Naturschauspiel der Region ist rund zwanzig Kilometer südwestlich von Antequera im Naturschutzpark de Ardales zu sehen. Hier verbirgt sich der Desfiladero de los Gaitanes, ein drei Kilometer langer und bis zu 400 Meter tiefer, manchmal nur zehn Meter breiter Einschnitt des Río Guadalhorce mit der Engstelle »Garganta del Chorro«. In dieser beeindruckenden Schlucht lassen sich Gänsegeier, Steinadler, Königsuhus und Steinböcke beobachten. Um 1920 hatte König Alfonso XIII. in die Wände der Schlucht – etwa hundert Schwindel erregende Meter über dem Fluss

Plätze für eine gemütliche Rast, wie etwa die Plaza del Socorro im Stadtviertel El Mercadillo, sind in Ronda überall zu finden.

Durch die Puerta de Félipe V. gelangt man von der Altstadt in die Neustadt Rondas.

Oben: Den Mittelpunkt des Parque Natural Torcal de Antequera bildet ein bizarres Felslabyrinth, das im Laufe von Jahrtausenden entstand.

Rechts: In den weiten und einsamen Ebenen des Hinterlandes der Costa del Sol verlieren sich Mensch und Tier.

Rechts oben: Sanfte Hügel prägen die Landschaft rund um Villanueva de Trabuco.

– den Pfad »Caminito del Rey« einhauen und aus Beton und Stahl anbauen lassen. Er darf heute aus Sicherheitsgründen leider nicht mehr begangen werden.

Zwischen Bergen und Meer

Der östliche Abschnitt der Costa del Sol ist weniger touristisch dominiert und zudem landschaftlich reizvoller als der Westen. Die Tatsache, dass die Ausläufer der Sierra de Almijara teilweise bis ans Meer reichen, verhinderte einerseits eine großflächige Bebauung am Strand und ließ zum anderen idyllische kleine Badebuchten mit den Ruinen alter Wehrtürme an der Steilküste entstehen.

Das zwischen dem Ozean und den Ausläufern der Berge gelegene sanfte Hügelland ist dank seines fast subtropischen Klimas ein blühendes Zentrum der Landwirtschaft. Hier gedeihen neben Oliven- und Mandelbäumen auch Weintrauben, die einerseits zu Rosinen, andererseits zum berühmten Málaga-Wein verarbeitet werden. Auf der so genannten Ruta del Sol y del Vino kann man von Vélez-Malaga aus bis Cómpeta fahren und dabei das Hinterland, »La Axarquía«, erkunden. Diese Region war bis ins 16. Jahrhundert hinein ein Rückzugsort der Mauren, obwohl die Christen Andalusien schon 1487 offiziell an sich gerissen hatten. Eben dieser Umstand erklärt vielleicht das orientalische Flair, das noch heute in vielen der Ortschaften, die sich malerisch an grüne Berghänge schmiegen, herrscht.

Der Schritt des Esels

Es gibt nämlich selbst an der viel besuchten »Sonnenküste« noch Orte, die ihre Erscheinung kaum verändert haben. Ein solches Dorf in der Axarquía ist Frigiliana, das sechs Kilometer nördlich der Hafenstadt Nerja liegt. Die schmalen Gassen im malerischen Ortskern sind für Autos unpassierbar, daher kann man die holperigen Pflasterwege seit Jahrhunderten nur zu Fuß oder auf dem Eselsrücken betreten. Der Ort mit seinem maurisch beeinflussten Baustil liegt bis zu 440 Meter hoch, doch für den schweißtreibenden Aufstieg durch steile Gassen und über Treppen entlohnen ein liebevoll restauriertes und gepflegtes Pueblo Blanco und der Ausblick auf Sierra und Mittelmeer. Bei klarem Wetter sieht man von hier bis hinüber nach Afrika.

Wie schön Frigiliana ist, hat sich weit herumgesprochen. Viele Mitteleuropäer, allen voran Briten und Deutsche, haben hier eine neue Heimat gefunden und unterstützen die Einheimischen bei der Erhaltung ihres Dorfes. Man lebt von Tagesausflüglern, die von den am Ortseingang parkenden Bussen ausgespuckt werden und staunend und schnaufend die schmalen Gassen erklimmen. Kleine Läden mit lokalen Spezialitäten, wie Pasas (Rosinen), Honig und Olivenöl, aber auch Kunsthandwerk lohnen ebenso einen Besuch wie die Restaurants und kleinen Bodegas, die den hier angebauten Málaga-Wein und lokale Spezialitäten servieren.

Die Costa Tropical

Durch Nerja – wo die Aussichtsterrasse Balcón de Europa und die sehenswerte Cueva de Nerja, ein ausgedehntes Höhlensystem, einen Besuch lohnen – und Maro erreicht man die Provinz Granada. Hier beginnt die 60 Kilometer lange »Costa Tropical«. Der Name ist zwar nur eine werbewirksame Kreation von Tourismusmanagern der Provinz Granada, allerdings passt »Tropenküste« recht gut: Denn hier herrscht tatsächlich tropisches Klima, da die sich im Norden des schmalen Küstenabschnitts erhebende Sierra Nevada Tiefdruckgebiete abhält.

Von Maro bis La Herradura erstreckt sich der wohl schönste Küstenabschnitt der ganzen Costa del Sol, im Übrigen trennt der Río Guadalfeo den Küstenabschnitt in zwei Teile: einen westlichen, gut erschlossenen, mit schönen Stränden im Naturpark Acantilados de Maro und weißen Dörfern wie Salobreña, und einen östlichen. Der Küstenabschnitt vom Agrarzentrum Motril bis zur Provinzgrenze zu Almería präsentiert sich eher karg und besucherfeindlich, er ist ganz und gar Agrarregion, mit zunehmend dicht von einfachen Plastik-Treibhäusern zugebauten Buchten.

Bekannt ist die Costa Tropical auch als »Küste der Chirimoya«. Dieser Zucker- oder Jamaika-Apfel wird besonders im fruchtbaren Schwemmland des Río Guadalfeo angebaut. Die Bäume gleichen Kirschbäumen, doch werden die Früchte erst im Herbst geerntet und dann überall an Ständen und in Läden verkauft. Außerdem gedeihen hier Mangos, Avocados, Bananen, Papayas, Erdbeeren, Tomaten, Paprika, grüner Spargel, Kartoffeln sowie Zuckerrohr, einst von den Mauren eingeführt.

Die Klimazonen Andalusiens reichen von mediterran-gemäßigt bis wüstenhaft-trocken. Sie haben eine üppige Flora und Fauna entstehen lassen – wie diese prachtvoll blühenden Kakteen.

Links: Der östlich von Malaga beginnende Teil der Costa del Sol ist landschaftlich reizvoller und touristisch weniger überlaufen als der Westen.

Historische Orte

Die wild zerklüftete Küste zwischen La Herradura, Almuñécar und Salobreña ist landschaftlich besonders reizvoll, da sich die Berge oft bis ins Meer hineinschieben und sich die Besiedelung daher auf einen schmalen Landstreifen beschränkt. Einst hatten sich hier Phönizier niedergelassen und Hafenstädte gegründet, die dann von Griechen, Römern und später Mauren weiter ausgebaut wurden.

Besondere Bedeutung erlangte dabei Almuñécar, wo der Omaijadenherrscher Abd ar-Rahman I. im Jahr 755 nach seiner Flucht aus Damaskus landete. Er gründete sodann das Emirat und spätere Kalifat von Córdoba und legte damit den Grundstein der maurischen Blütezeit Andalusiens. Das alte Dorf auf dem Peñón del Santo, einer Felsnadel, die sich weit ins Meer hineinschiebt, geht auf eine phönizische Gründung namens »Sexi« zurück. Die kleine Hafenstadt ist auf den ersten Blick kein Aushängeschild für die Costa Tropical – zahlreiche Hotels und Apartmentblöcke und eine mit bunten Bars, Cafés und allerlei Shops zugebaute Strandpromenade zeigen an, dass der Tourismus das wichtigste wirtschaftliche Standbein neben Fischerei und Landwirtschaft ist. Doch andererseits entschädigen die traumhafte Lage, eine bildschöne Altstadt und das sehenswerte Castillo Árabe für viele Bausünden.

Rechte Seite: An der östlichen »Sonnenküste« fallen immer wieder Ruinen alter Wehrtürme ins Auge, die einst zum Schutz vor Piraten erbaut wurden.

Wie schön Frigiliana ist, hat sich zwar unter Tagesausflüglern herumgesprochen, doch am Nachmittag sind die Dorfbewohner wieder unter sich.

Rechts: An den steilen Hängen der Sierra de Tejada hoch über dem Mittelmeer thront Nerja. Der Ort ist eine maurische Gründung.

Oben: Frigiliana hat sich seinen ursprünglichen Charakter bewahrt – es zählt unbestritten zu den schönsten Pueblos Blancos im Hinterland der Costa del Sol.

Linke Seite: In den steilen Gassen und auf den Treppen von Frigiliana geben seit Jahrhunderten nur Menschen und Esel den Takt an.

Salobreña – die Perle der Costa Tropical

Der zweifellos schönste Ort an der gesamten Costa Tropical ist das Pueblo Blanco Salobreña, das auf einem Felsvorsprung nahe der Küste mitten in das fruchtbare Schwemmland des Río Guadalfeo hineinragt. Über den engen Gassen mit ihren schneeweiß getünchten Häuschen thront das beeindruckende alte maurische Kastell. Von dieser Burg aus blickt der Besucher nicht nur auf die schneebedeckte Sierra Nevada und das Mittelmeer, sondern auch auf die direkt an den Strand heranreichenden »Treibhausstädte«, die von Motril ostwärts das Bild bestimmen.

Trotz wachsender Besucherzahlen hat sich Nerja seine historische Altstadt bewahrt.

Oben: Die Costa Tropical ist in erster Linie Obstanbaugebiet, doch der Fischfang spielt immer noch eine Rolle.

Rechts: Üppiges Grün umwuchert diese malerische Fischerhütte am Strand der Costa Tropical.

Die fünf schönsten Erlebnisse an der Costa del Sol

Museum Picasso
Die zweitgrößte andalusische Stadt Málaga ist stolz, der Geburtsort von Pablo Picasso zu sein. Seit Oktober 2003 ehrt das Museo Picasso Málaga den genialen Künstler. In dem sehenswerten, erweiterten Palacio de los Condes Buenavista (C/San Agustín, 8, Tel. 952 602 731, Di-So 10-20 bzw. Fr 10-21 Uhr, 6 Euro) sind über 200 Werke des großen Meisters ausgestellt.

Spaziergang durch Ronda
Vor allem die maurische Altstadt »La Ciudad« mit Calle Armiñán und dem Zentrum der Plaza Duquesa de Parcent mit Santa María la Mayor, hat außer Museo Lara und Palacio de Mondragón/Museo Municipal mehrere sehenswerte Palacios zu bieten. Wer im Parador an der Plaza de España Unterkunft sucht, wird eine unvergessliche Zeit haben (Tel. 952 877 500, www.iberotours.com oder www.parador.es).

Ruta de los Almorávides
Als Alternative zur viel befahrenen Küstenstrecke N-340 zwischen Gibraltar und Málaga empfiehlt sich die Inlandsroute, die »Ruta de los Almorávides«, die von der Bucht von Algeciras aus durch eine faszinierende Natur- und Berglandschaft führt und eine Reihe der schönsten Pueblos Blancos passiert, zum Beispiel Castellar de la Frontera, Jimena de la Frontera, Ronda oder Antequera.

Naturwunder Parque Natural El Torcal
Der Parque Natural Torcal de Antequera gehört zu den landschaftlich eindrucksvollsten und geologisch ungewöhnlichsten Gebieten Andalusiens. Es handelt sich bei diesem Naturpark um ein Felslabyrinth rings um das bis zu 1336 Meter hohe Kalkplateau El Torcal, das durch Auffaltungsprozesse, Wind und Regen über die Jahrtausende geformt wurde.

Idyllisches Landstädtchen
Villanueva de Trabuco nahe Antequera ist aufgrund der idyllischen Landschaft bei Künstlern und Aussteigern beliebt. Der Ort ist zudem bekannt für Korbflechterei und Schmiedekunst, außerdem gibt es hochwertiges Olivenöl und gute Panaderias (Bäckereien).

Die antike Puente Romano überquert den Río Guadalquivir in Córdobas Altstadt. Im Hintergrund erhebt sich die Mezquita-Catedral, die das Stadtbild dominiert.

Das Zentrum von al-Andalus

Wo Andalusien ganz und gar maurisch ist

Nirgendwo ist das maurische Erbe Andalusiens stärker präsent als zwischen Granada und Córdoba. Beide Städte waren unter den muslimischen Machthabern blühende Metropolen, die sich mit orientalischen Zentren wie Damaskus oder Bagdad messen konnten. »Al-Andalus«, das maurische Andalusien, galt zeitweise als wirtschaftlich und kulturell bedeutendste Region im ganzen Mittelmeerraum und hat historisch wie landschaftlich viel zu bieten.

Granada war einst eine der ruhmreichsten Städte der Mauren. Wer die quirlige Stadt heute entdecken möchte, macht sich am besten zu Fuß auf den Weg.

Es ist wie Zauberei: Es scheint, wir hätten eine Zeitreise gemacht und würden plötzlich mitten in der arabischen Welt stehen.« Unter den ersten Besuchern, welche die vergessenen Schätze von al-Andalus wieder entdeckten, war der amerikanische Gesandte und Schriftsteller Washington Irving (1783 bis 1859). Als passionierter Europareisender hatte er mit seinen »Tales of the Alhambra« die Welt auf die maurischen Schätze in Andalusien aufmerksam gemacht. Aus Dankbarkeit dafür rief man ihm zu Ehren posthum die »Ruta del Washington Irving« ins Leben, eine rund 250 Kilometer lange Reiseroute, die der A-92 zwischen Sevilla und Granada folgt.

»Die Stadt ist eine Dame«

Granada ist seit Irvings romantischen Erzählungen untrennbar verbunden mit der Alhambra, man denkt sofort an den maurischen Märchenpalast mit seinen reich ornamentierten Räumen, seinen üppig blühenden und mit Brunnen geschmückten Gärten, an orientalische Gelage und Haremsdamen. Die Stadt übte schon zu ihrer Blütezeit eine besonderen Reiz aus – Ibn Zamrak schrieb im 14. Jahrhundert: »... die Stadt ist eine Dame, eines Berges Frau.« Und der letzte maurische Herrscher Boabdil soll der Stadt nach der Kapitulation im Jahr 1492 mit Tränen in den Augen und einem Seufzer auf den Lippen für immer den Rücken gekehrt haben.

Einst maurische Metropole, ist Granada heute eine geschäftige Stadt, erzbischöflicher Sitz, Universitätsstadt und das wichtigste Touristenzentrum Andalusiens. Granada ist eine faszinierende Stadt, allein schon wegen der grandiosen Kulisse, welche die Sierra Nevada mit ihren über 3000 Meter hohen Gipfeln bildet. Die imposante Bergwelt ringsum ist ein beliebtes hochalpines Wandergebiet und eine der wenigen Wintersport-Destinationen in Spanien.

»Quien no ha visto Granada, no ha visto nada« – »Wer Granada nicht gesehen hat, hat nichts gesehen« – das sind große Worte, besonders wenn man bedenkt, dass Granadas Ruhm auf einer Zeitspanne basiert, die gerade einmal ein Vierteljahrtausend lang dauerte. Von Iberern gegründet und von den Römern in der Antike ausgebaut, fungierte Granada unter maurischer Herrschaft zunächst nur als regionales Zentrum. Die Ausdehnung des christlichen Machtgebiets im 13. Jahrhundert ließ Mohammed Ibn al-Ahmar I. um 1238 in Granada Zuflucht suchen. Damit ist ihm das letzte maurische Herrschafts- und Kulturzentrum Spaniens zu verdanken: das Nasridenreich. Dieses fand gut 250 Jahre später, unter dem »Boabdil« genannten Abu Abd-Allah Mohammed XII. (auch als »el rey chico« – der kleine König bekannt), ein Ende: Am 2. Januar 1492 marschierten christliche Truppen in Granada ein, die maurischen Herrscher flohen in die Bergwelt der Alpujarras, wo sie bis ins 16. Jahrhundert hinein als Morisken bekannt waren und geduldet wurden.

»Rubin in der Krone der Sabika«

Jenem Boabdil ist es zu verdanken, dass der Herrscherpalast Alhambra nicht zerstört wurde. Sein Angebot, vor dem überlegenen christlichen Heer der katholischen Könige zu kapitulieren, hatte er an die Bedingung geknüpft, dass nichts in der Stadt zerstört und Toleranz gegenüber seinem Volk gelten solle. Der allmähliche Niedergang der Stadt war mit dem Ende der Nasriden dennoch besiegelt – bis zur romantischen Wiederentdeckung durch Irving.

Der trotz Zerstörungen, Überbauungen und Verfall immer noch atemberaubende Palast der Nasriden thront auf der Anhöhe Sabika über der Stadt. Er zählt zum Weltkulturerbe der UNESCO. »Alhambra« heißt wörtlich »die Rote«, der Prachtbau verdankt seinen Namen der Farbe ihrer Mauern. Der bereits erwähnte Ibn Zamrak nannte die Alhambra viel poetischer »Rubin in der Krone der Sabika«. Auf rund 130 Hektar erstreckt sich hier oben nicht nur eine Burg oder ein gewöhnlicher Palast, sondern eine ganze Palaststadt mit Kasernen, Verwaltungsbauten, Wohnarealen, Palästen, Werkstätten, Gärten, Bädern, Moscheen und anderen Einrichtungen.

Der Komplex der Alhambra ist dreigeteilt. Er besteht aus Alcazaba (Festung), Nasridenpalästen sowie Generalife. Die Alcazaba, »Qalat Al-hamra« (das rote Schloss), entstand im 13. Jahrhundert unter Mohammed I. als erster Teil auf älteren Fundamenten. Derselbe Mann war es auch, der die Herrscherresidenz vom gegenüberliegenden Hügel, wo sich das maurische Viertel Albaicín ausbreitet, neben die neue Festung verlegen ließ. Unter Ismail I. entstand 1319 außerhalb der Festungsmauer, am Abhang des Cerro del Sol, als Sommersitz und Landgut der Nasriden der »Generalife«, terminologisch abgeleitet vom arabischen »djennat al-Arif« (»Garten des Architekten« oder »Garten des Erhabenen«).

Nach der Vertreibung der Nasriden zeigten sich die christlichen Eroberer so beeindruckt von dem Prunk, dass nur vorsichtig in die Bausubstanz eingegriffen wurde. Lediglich für das Franziskanerkonvent, die Begräbnisstätte Isabellas, musste ein maurischer Palast weichen und für den sehenswerten Sommerpalast von Karl V. wurde die alte nasridische Nekropole überbaut.

Märchenwelt aus Tausendundeiner Nacht

Die maurischen Paläste geben sich nach außen hin schlicht und bescheiden. Sie entfalten erst im Inneren ihre volle Pracht. Auch wenn es heute angesichts des Besucheransturms schwer fällt, gedanklich in die Märchenwelt einzutauchen, strahlt der Palastkomplex noch immer einen besonderen orientalischen Charme aus. Ein solches Gesamtkunstwerk, eine derartige Harmonie von Architektur und Natur, Licht und Wasser, Flora und Baumaterialien, Farben und Formen, ist auf der Welt einmalig!

Die Nasriden legten Wert auf Stilisierung und Symmetrie, auf feinteilige Dekors, aber weniger auf bahnbrechende Neuerungen. Die Statik trat als Gestaltungselement in den Hintergrund: Extrem dünne Säulen und Zierelemente verbergen die tragenden Mauern – die bevorzugte Verwendung von Stuck, Marmor, Ziegel und Holz statt massiven Steins verstärkt den filigranen Charakter. Die prachtvollen Gewölbe sind ihrer tragenden Funktion enthoben und nur eingehängt, sie treten holzvertäfelt oder als farbig gefasste Stalaktitengewölbe (muqarnas) auf.

Überall stechen achteckige, geometrische Muster ins Auge, die dem Judenstern ähneln – dies ist das Wappen des Nasridengeschlechts. Hinzu tritt oft ein aufgeplatzter Granatapfel als Symbol der Stadt. Da der Koran figürliche Darstellungen verbietet, herrschen florale Motive, Arabesken, aber auch geometrische Rauten- oder Kreismuster sowie Inschriften in arabischer Schrift – oft Koransuren oder Lyrik – vor. Die Sockelbereiche sind mit glasierten Kacheln (azulejos) verziert und für das flächendeckende, sich wiederholende Dekor an Wänden und Decken wurde in Formen gegossener Alabaster-Stuck verwendet.

Der Palast besteht aus dem Mexuar, dem öffentlichen Bereich für Rechtsprechung, Audienz und Versammlungen, dem Diwan oder Serail – der königliche Palast – und dem Harem, dem privaten Wohnbereich der Herrscherfamilie mit den Frauengemächern. Höhepunkt der Besichtigung neben dem Myrtenhof oder Patio de los Arrayanes, der das Zentrum des privaten Königspalastes (Comares-Palast) bildet, ist der Palacio de los Leones mit dem berühmten Löwenhof (Patio de los Leones) und dem Löwenbrunnen.

Kathedrale und Capilla Real

Nach der Alhambra ist die Catedral Santa María de la Encarnación die zweitwichtigste Sehenswürdigkeit Granadas. Diese fünfschiffige Kirche ist ein überaus bedeutendes Beispiel der spanischen Hochrenaissance und war wegweisend für zahlreiche andere Sakralbauten. Die an eben dieser Stelle stehende Freitagsmoschee aus dem 11. Jahrhundert war 1492 zur provisorischen Bischofskirche geweiht und ab 1505 im Auftrag Isabellas durch einen Neubau nach dem Vorbild der Kathedrale von Toledo ersetzt worden. Enrique de Egas entwarf einen gotischen Kirchenbau, ihm folgte Diego de Siloë, der moderne Renaissance-Elemente einbrachte. 1561 wurde der noch unfertige Bau geweiht – die Arbeiten setzten sich bis 1703 fort.

Ein wichtiger Teil der Kathedrale ist die Capilla Real, die Grabkapelle der Katholischen Könige. Sie wurde zwischen 1505 und 1521 nach Plänen von de Egas im spätgotischen Stil direkt an die Südostseite der Kathedrale angebaut. Heute gelangt man durch die Lonja, die ehemalige Börse (erbaut 1518 bis 1522) in die Kapelle. Deren Prunkstück ist das vergoldete Gitter von Bartolomé de Jaén zwischen Hochchor und Hauptschiff. Die Grabmäler von Isabella und Ferdinand II. sowie von Philipp dem Schönen und seiner Frau Johanna der Wahnsinnigen gelten als weitere Musterbeispiele für die spanische Renaissance.

Alte maurische Viertel

Direkt südlich der Grabkapelle und der Kathedrale erinnern die engen Gassen der Alcaicería an das alte maurische Basarviertel, während das Stadtviertel Albaicín, malerisch auf einem Hügel gegenüber der Alhambra ge-

An eine Szene aus »Tausendundeiner Nacht« erinnert der maurische Märchenpalast der Alhambra – hier der Garten.

Linke Seite: Die Alhambra, der prachtvolle Herrscherpalast der Nasriden, erhebt sich auf der Anhöhe Sabika vor der spektakulären Kulisse der Sierra Nevada.

Die reich ornamentierten Räume der Nasridenpaläste zeugen noch heute von der Blütezeit der Kunst unter der maurischen Herrschaft.

legen, auf das ehemalige maurische Wohnareal zurückgeht. Es ist mittlerweile wieder zu einer beliebten Adresse geworden und wirkt mit seinen idyllischen verwinkelten Gassen, den kleinen Plätzen, Innenhöfen, Kirchen und arabischen Bauruinen fast ein wenig dörflich. Der Albaicín ist Heimat eines bunt gemischten Völkchens – im Umkreis der Plaza Nueva hat sich ein charmant-chaotisches arabisches Viertel mit Kneipen, Teestuben, Imbissständen und Läden entwickelt. Ein Stückchen weiter ostwärts erreicht man Sacromonte, das »Zigeunerviertel«, das mit seinen Höhlenwohnungen seit jeher der Wohnort der Gitanos und das Flamenco-Zentrum ist.

Die Heimat von Federico García Lorca

Bereits außerhalb der alten Stadtgrenzen liegt das Monasterio de La Cartuja, ein 1506 gegründetes Kartäuserkloster, dessen Kirche sich in prächtigstem Barock präsentiert. Optisch um einiges schlichter, historisch aber umso bedeutsamer ist das ehemalige Landgut Huerta de San Vicente. Es fällt dem Besucher im weitläufigen Stadtpark zunächst kaum ins Auge. In diesem 1900 erbauten Haus verbrachte einst einer der berühmtesten Dichter Spaniens seine Sommertage: Federico García Lorca.

Der am 15. Juni 1899 als Sohn eines Grundbesitzers und einer Lehrerin in Fuente Vaqueros bei Granada geborene Lorca war zeitlebens Granadino geblieben und hat seine Heimatstadt in Gedichten verewigt. Die »Casa Museo de Federico García Lorca« erinnert mit persönlichen Memorabilien an den von den Intellektuellen seiner Zeit hoch geschätzten, dann in Vergessenheit geratenen Schriftsteller, der wegen seiner politischen Ansichten am 19. August 1936 vom faschistischen Franco-Regime hingerichtet wurde.

Schneebedeckte Gipfel

Die Sierra Nevada, Teil der Betischen Kordilleren, bildet eine fast 110 Kilometer lange Gebirgskette, welche der Mulhacén (3582 Meter) und der Pico de Veleta (3428 Meter) als höchste Berge der iberischen Halbinsel dominieren. Die Sierra wurde nicht nur von der UNESCO zum Biosphärenreservat erklärt, sondern ist zudem im Kern als Nationalpark »Parque Nacional Sierra Nevada« ausgewiesen. In der hochalpinen Landschaft sind etwa 60 endemische Pflanzen, 20 Schmetterlingsarten, Steinböcke, Dachse, Steinmarder und Wildkatzen heimisch. Botaniker und Naturfreunde werden sich hier ebenso wohl fühlen wie Bergsteiger, Wanderer oder Skifahrer, zumal sich dieses südlichste Wintersportgebiet Europas nur rund 30 Kilometer südöstlich von Granada befindet.

Als Wanderparadies gelten vor allem die Las Alpujarras genannten Südabhänge der Sierra. Diese teilweise sehr karge Bergregion nutzten die Mauren nach der Flucht aus Granada als Rückzugsgebiet. Sie betrieben in den Tälern Ackerbau und legten bahnbrechende Bewässerungssysteme und Terrassen an. Viele der alten Bergdörfer waren bis in die 1920er-Jahre hinein nur über Maultierpfade – die heute als Wanderwege dienen – erreichbar. Erst vor fünfzig Jahren hielt vorsichtig die Moderne Einzug. Eine gezielte Förderung des traditionellen Handwerks – Webteppiche, Tücher, Körbe, Flechtmatten oder Keramik – und die Werbung für lokale Produkte wie den berühmten Schinken, sorgten dafür, dass sich die wildromantische Landschaft inzwischen größerer Beliebtheit erfreut.

Malerische Bergdörfer

Lanjarón, 730 Meter hoch gelegen, genoss einst wegen seiner Mineralquellen hohes Ansehen als Kurort. Es ist heute noch immer wegen seines Mineralwassers bekannt und gilt wegen seiner verkehrsgünstigen Lage als »Tor in die Bergwelt«. Wenige Kilometer östlich liegt Órgiva, das Versorgungszentrum der Alpujarras. Dieses kleine malerische Städtchen erfreut sich bei Rucksack- und Wandertouristen wachsender Beliebtheit und speziell wenn am Donnerstag der Wochenmarkt stattfindet, wimmelt es in den zahlreichen kleinen Bars und Cafés vor Menschen.

Im Jahr 1319 entstand die prachtvolle Gartenanlage des Generalife. Sie diente den Nasriden-Herrschern als Sommerresidenz und Landgut.

Von hier aus führt eine teils sehr schmale und kurvige Straße nordostwärts tiefer hinein in die Bergwelt der Sierra Nevada, passiert Bergdörfer wie Pampaneira, Bubión, Capileira und erreicht schließlich Trevélez, den angeblich höchsten Ort Spaniens. Hier wird Schinken (jamón ibérico) produziert, der dem aus Jabugo in nichts nachsteht. Durch Yegen und Válor geht es weiter in den östlichen Hauptort der Alpujarras, Ugíjar, von wo eine Nebenstrecke zur Nordostseite der Sierra Nevada, in das kleine Bergdorf La Calahorra führt. Vor der Bilderbuchkulisse der Sierra Nevada erhebt sich dort eine wehrhafte Burg aus dem frühen 16. Jahrhundert – Castillo de La Calahorra. Hinter ihren massiven Mauern würde wohl niemand den ersten Renaissancebau Spaniens vermuten.

Die Ruta del Califato

An die Hauptstraße, die einst die beiden maurischen Metropolen Granada und Córdoba verband, erinnert heute die »Ruta del Califato«, die identisch ist mit der modernen N-432. Wird im Süden die Landschaft noch geprägt von den nördlichen Ausläufer der Sierra Nevada, schließt sich weiter nördlich die fruchtbare Ebene des Río Guadalquivir an. Entlang der Strecke stößt man auf alte, maurische Orte, die von trutzigen Festungen beherrscht werden. Im über 1000 Meter hoch gelegenen Alcalá la Real ist es das Castillo de la Mota, das erst Mitte des 14. Jahrhunderts von Christen erobert werden konnte. Von hier aus zog das christliche Heer nach Granada, wo es 1492 die Kapitulation entgegennahm.

Ein Abzweiger der Ruta del Califato (N-340) führt zunächst nach Priego de Córdoba, ein blühendes Olivenölzentrum. Eine viel besuchte Sehenswürdigkeit dort ist der Fuente del Rey, eine 1802 erbaute barocke Brunnenanlage. Es geht nun tiefer hinein in die bei Wanderern beliebte kahle Fels- und Berglandschaft des Parque Natural de Sierra Subbética. Dieser Gebirgsteil entspricht etwa der geografischen Mitte Andalusiens und weist trotz der scheinbar geringen Höhe von maximal 1500 Metern schroffe Felsen und geologische Besonderheiten wie Höhlen, Karren, Dolinen und Poljen auf. Angesichts der augenscheinlichen Kargheit möchte man kaum glauben, dass hier zumindest extensiv Landwirtschaft betrieben wird und zwei Produkte über die regionalen Grenzen hinaus berühmt wurden: Olivenöl und Sherry.

Ehe man die Hauptroute wieder erreicht, geht es durch Aguilar de la Frontera, das einst eine strategisch wichtige Festungsbastion war, nach Montilla. Der Ort liegt schon im sanften Hügelland südlich von Córdoba, in der Campiña. Hier bietet sich eine gute Gelegenheit zur Sherry-Probe. Die qualitativ hochwertigen Weine aus der Anbauregion Montilla-Moriles dürfen zwar nicht »Sherry« genannt werden, doch der hier ausgebaute Fino, Oloroso sowie der Süßwein Pedro Ximénez stehen den Produkten aus dem Sherry-Dreieck um Jerez in nichts nach.

Córdoba, der geistige Mittelpunkt Europas

»Niemand außer mir wurde getrieben von solch edler Empörung, durchschritt mit gezücktem doppelschneidigem Schwert die Wüste, überquerte das Meer, ließ Wellen und fruchtlose Äcker hinter sich, um endlich ein Königreich zu erobern, einen Staat zu gründen und eine unabhängige Gebetskanzel zu bauen …« Mit diesen Worten umschrieb Abd ar-Rahman I. (731 bis 788) den Beginn der Omaijaden-Herrschaft auf spanischem Boden. 750 war er mit seiner Familie den Machtkämpfen in Damaskus entronnen und legte im »Gelobten Land« den Grundstein für ein blühendes Córdoba.

Die Stadt wurde nicht nur zum neuen Zentrum des Omaijadenstaates, sondern auch zum geistigen Mittelpunkt Europas. Medizin und Literatur erreichten hohen Stand, Übersetzungen arabischer Werke erschienen. Die maurischen Herrscher residierten höchst aufwändig. Zu den herausragenden Persönlichkeiten der Stadt, mit denen sich das Museo Vivo de al-Andalus im Torre de la Calahorra befasst, gehörten Maimónides (1135 bis 1204) – jüdischer Arzt, Rechtsgelehrter, Philosoph und Rabbiner –, Ibn Rushd (»Averroes«, 1126 bis 1198) – Mathematiker, Arzt, Dichter, Philosoph und Aristoteles-Übersetzer – oder Hasday ben-Shaput (10. Jahrhundert) – jüdischer Arzt, Finanzminister, Kunstmäzen und Vertrauter von Abd ar-Rahman III.

Im »Palmenwald Gottes«

Die Mezquita gilt nach der Alhambra als eine der Hauptattraktionen Andalusiens. Das liegt auch daran, dass es sich um den einzigen Kirchenbau handelt, bei dem die ursprüngliche Moschee erhalten blieb. Abd ar-Rahman I. hatte 785 die spätrömische Basilika abreißen und einen Neubau nach Vorbild der Großen Moschee von Damaskus beginnen lassen. Der 134 mal 134 Meter große Komplex wurde zwischen 785 und 1009 in insgesamt vier Bauphasen errichtet. Er blieb dann bis ins Jahr 1523, als im Kern eine Kathedrale eingebaut wurde, unverändert.

Vom ersten Freitagsgebet 788 über die erste katholische Messe im Jahr 1236 bis heute war das Gotteshaus erst muslimisch, dann christlich und jetzt in erster Linie touristisch. Das eigentlich Faszinierende an der Mezquita ist der gravierende Unterschied zu christlichen Kirchen im Hinblick auf die Wirkung der Räumlichkeit und der Dimensionen. Die quadratische Halle mit auffällig kontrastierendem hellem Kalkstein und rotem Ziegel als Baumaterial gliedert sich in insgesamt 19 etwa gleich große Schiffe und weist 856 (ursprünglich über 900) Säulen auf. Bis zu 25 000 Gläubige fanden in dieser Halle Platz.

Die fächerförmigen Gewölbe tragen dazu bei, dass der Eindruck eines Palmenwaldes entsteht und die gleichförmige Raumstruktur wurde als Ausdruck der religiösen Gleichheit aller empfunden, die ständige Wiederholung desselben Schemas als Symbol der Unendlichkeit Allahs.

Quirlige Altstadtviertel

An der Nordwestecke der Mezquita beginnt die Calle Judios, die Hauptachse der Judería. Das ursprünglich maurische Viertel war ab dem 10. Jahrhundert verstärkt von Juden besiedelt worden. Sehenswert in den malerischen Gassen sind vor allem das Museo Municipal Taurino – das Stierkampfmuseum – und der Zoco Municipal, der ehemalige Souk, der heute Werkstätten und Kunsthandwerksstände beherbergt.

Weniger touristisch aufgeputzt ist das weiter südwestlich, um den Alcázar de los Reyes Cristianos, den ab 1328 entstandenen Königspalast, gelegene »San Basilio«, bekannt vor allem wegen seiner spektakulären Patios und dem im Mai stattfindenden Wettbewerb »Festival de los Patios Cordobeses«. Dieses Viertel bietet ebenso wie Ajarquía mit dem Museo Arqueológico und Barrio San Francisco einen Eindruck vom ursprünglichen Córdoba.

Die Palaststadt Medina Azahara

Ab 936 hat Abd ar-Rahman III., über den ein zeitgenössischer Chronist einmal schrieb, dass seine Herrschaft »Sonnenstrahlen über die Landstriche scheinen ließ«, die repräsentative Omaijaden-Residenz außerhalb von Córdoba erbauen lassen. Etwa acht Kilometer nordwestlich liegt die Palaststadt Medina Azahara, arabisch »Madinat al-Zahra«, »die Blume«. Da der Komplex seit seiner Zerstörung um 1010 durch afrikanische

Die Capilla Real, die Grabkapelle der Katholischen Könige, ist ein wichtiger Teil der Kathedrale von Granada.

Zwischen der Kathedrale und der Plaza de Bib-Rambla erstreckte sich einst das maurische Marktviertel der Stadt Granada.

Berberstämme über die Jahrhunderte hinweg geplündert wurde, sind nur Ruinen erhalten.
Doch selbst diese vermitteln einen guten Eindruck von Dimensionen und Pracht einer maurischen Palaststadt, in der rund 25 000 bis 30 000 Menschen weitgehend autark lebten. Rund 10 000 Arbeiter und Handwerker sollen sie unter Verwendung edelster Materialien errichtet haben. Hier verstand man sich auf gutes Leben, auf Feiern und prunkvolle Empfänge. Den enormen Wasserverbrauch für Wasserspiele, Bäder oder WC-Spülungen deckte man durch den Bau von Aquädukten und Bleiwasserrohren, die Wasser aus der Sierra de Córdoba in die Stadt beförderten. Eine zweieinhalb Meter starke Doppelmauer mit Wachtürmen und Wehrgang umgab das rund 1500 mal 750 Meter große Wohnareal und der Palastkomplex selbst erstreckte sich über drei Terrassen – wovon bisher allerdings nur ein recht kleiner Teil ausgegraben ist.

Oben: Der Stadtteil Albaicín geht auf das ehemalige maurische Wohnviertel zurück.

Unten: Die Lebensader von Albaicin ist die Carrera del Darro, eine der ältesten Straßen Granadas.

Der Parque Nacional Sierra Nevada ist ein Paradies für Botaniker, Wanderer, Bergsteiger und sogar Skifahrer.

Capileira ist eine idyllische Ortschaft in den Alpujarras am Südabhang der Sierra Nevada. Bunte Blumen zieren hier die Balkone.

Malerische Bergdörfer wie Cherin verstecken sich überall in den weitläufigen Berghängen der Sierra Nevada.

Einsame Ortschaften wie zum Beispiel Bubión sind beliebte Ziele für Aussteiger, Ruhesuchende, Rucksack- und Wandertouristen.

Links: Eine der zahlreichen Sehenswürdigkeiten Córdobas ist der christliche Königspalast, der Alcázar de los Reyes Cristianos.

Links: In den Gärten des Alcázar de los Reyes Cristianos lässt sich das hektische Großstadtleben vergessen.

Rechts: Die Gärten des ab 1328 entstandenen Königspalastes Alcázar de los Reyes Cristianos sind mit üppigen Palmen bepflanzt.

Oben: Ein Muss im Besichtigungsprogramm Cordobas ist der Bummel durch die malerischen Altstadtgassen.

Córdobas Mezquita ist der einzige Kirchenbau, bei dem die ursprüngliche Moschee fast komplett erhalten blieb.

Die Mezquita-Catedral von Córdoba trägt wegen ihrer vielen Säulen den Beinamen »Palmenwald Gottes«.

Links: Im 16. Jahrhundert wurde in die maurische Mezquita nachträglich die katholische Kathedrale gebaut.

Das im Westen der Provinz Granada gelegene Guadix ist für seine sehenswerten Höhlenwohnungen berühmt.

Die Medina Azahara legt Zeugnis davon ab, wie riesig und prachtvoll eine maurische Palaststadt ist.

Im Jahr 936 wurde der Grundstein für die imposante Omaijaden-Residenz Medina Azahara außerhalb von Córdoba gelegt. Heute sind nur noch ihre Ruinen zu sehen.

Die **fünf** schönsten Erlebnisse im Zentrum von al-Andalus

Die Alhambra
Die Alhambra in Granada gehört zu den größten Kunstwerken der Menschheit. Man sollte für die Besichtigung einen ganzen Tag einplanen. Besucherzentrum und Ticketverkauf befinden sich an der Cuesta del Rey Chico (tgl. 8.30-20, im Winter bis 18 Uhr geöffnet; rechtzeitiger Erwerb der Eintrittskarten nötig; Infos: www.alhambradegranada.org).

Die Mezquita
Die Mezquita (Catedral) von Cordoba ist der einzige Kirchenbau, bei dem die ursprüngliche Moschee erhalten blieb und eine christliche Kirche eingebaut wurde. Ihre einzigartige Architektur – ein Palmenwald aus Säulen – ist Ausdruck der Gleichheit aller Gläubigen in der Religionsgemeinschaft. Schön auch der angrenzende Orangenhof.

Festival de los Patios
Zwischen dem 2. und 3. Sonntag im Mai findet in Córdoba das Festival de los Patios statt. Fünfzig üppig begrünte Patios werden dann in den Vierteln San Basilio und Ajarquía der Öffentlichkeit zugänglich gemacht (Details im Internet unter www.turiscordoba.es).

Finos aus Montilla-Moriles
In der Provinz Córdoba trinkt man »Montilla-Moriles«, da die qualitativ hochwertigen Weine den Namen »Sherry« nicht tragen dürfen. Lohnende Touren bietet die 1729 gegründete Bodega Alvear in Montilla (C/ María Auxiliadora 1, Internet: www.alvear.es, mit Laden).

Andalusien mit dem Zug entdecken
Der Hotelzug »Al Andalus Expreso« besteht aus vierzehn Luxus-Wagons, zwei Restaurants, einer Bar und einem Salon/Spielwagen, allesamt in der Originaldekoration der großen Zeit des Bahnfahrens. Zwischen März und Ende November führen einwöchige Fahrten (mit Stadtbesichtigungen) von Sevilla über Córdoba, Baeza, Úbeda, Granada, Ronda, Jerez zurück nach Sevilla (Infos: www.alandalusexpreso.com).

In der Wüstenregion der Provinz Almería – dem »wilden Osten« Andalusiens, glaubt sich der Besucher in den »Wilden Westen« der USA versetzt.

Andalusiens »wilder Osten«

Unberührtes Naturparadies

Der »wilde Osten« Andalusiens bietet Kontrastprogramm zu den umtriebigen, lauten Großstädten mit ihren stark frequentierten Sehenswürdigkeiten, zu Souvenirkitsch und Touristen-Flamenco. Hier spielt die Natur die wichtigste Rolle: Fast unberührte Bergwälder wechseln sich mit Wüsten und einer zerklüfteten, wild-romantischen Küste ab. Daneben lädt eine Handvoll sehenswerter Kleinstädte wie Jaén, Baeza, Úbeda oder Almería zum Verweilen ein.

Riesige Olivenhaine machen die Ostprovinzen Jaén und Córdoba zu Hauptproduzenten von Olivenöl, dem »flüssigen Gold« Andalusiens.

Rechte Seite: In der Olivenölfabrik »La Laguna«, westlich von Baeza, lernen Besucher die traditionelle und die moderne Herstellung kennen.

Jaén und Almería, die östlichen Provinzen Andalusiens, werden beide gern links liegen gelassen, aber damit hören die Gemeinsamkeiten auch schon auf. Während Almería außer einer »Landschaft unter Plastik« – dem Treibhausanbau –, vor allem Wüste und Küste zu bieten hat, sind es in Jaén Berg- und Waldlandschaften, die die Region zum beliebten Rückzugsgebiet für Erholungssuchende und Wanderer machen.

Das »flüssige Gold«

»Quien tiene olivares y viñas, bien casa a sus niñas« – »Wer Olivenbaumhaine und Weinberge besitzt, kann seine Kinder gut verheiraten« – besagt ein andalusisches Sprichwort. Dabei dauert es drei Generationen, bis ein Ölbaum profitabel ist, die erste volle Ernte kann frühestens im zehnten Jahr nach der Pflanzung eingebracht werden. Allerdings trägt der Baum dann während seiner gut 100 Jahre Lebenszeit beständig Früchte, im Schnitt 50 bis 100 Kilo jährlich, aus denen bis zu zehn Liter »flüssigen Goldes« gewonnen werden können. 80 Prozent der Produktion Spaniens kommen aus Andalusien, großteils aus den beiden Nachbarprovinzen Jaén und Córdoba.

Die Provinzhauptstadt Jaén sieht sich als »Hauptstadt des Olivenöls«. Wie ein großer Pueblo Blanco schmiegt sich der alte Bischofssitz zwischen die Ausläufer der Sierra Jabaluz und der Sierra de la Pandera. Mit ihren beiden 62 Meter hohen Türmen dominiert die Catedral de Jaén die Altstadt. An diesem dreischiffigen Renaissancebau, der an Stelle der maurischen Hauptmoschee entstand, wurde von 1500 bis Ende des 18. Jahrhunderts gebaut. Von der Kathedrale führt die Calle Maestra schnurstracks hügelaufwärts ins alte Maurenviertel La Magdalena, das von Wehrmauer und Festung überragt wird. Den südlichen Teil der Altstadt bildet der Stadtteil San Juan, dessen Bars und Tavernen oft stärker frequentiert sind als der Palacio de Villardompardo. Dabei befinden sich in diesem Bau gleich drei sehenswerte Museen: das Museo de Artes Populares, das Museo Internacional Naif sowie die Baños Árabes. Die im Untergeschoss gelegene maurische Badeanlage gilt als größte erhaltene in ganz Spanien.

Hoch über der Stadt thront das Castillo de Santa Catalina – von hier bietet sich ein grandioser Ausblick auf Stadt und Umland: Olivenbäume so weit das Auge reicht. 1246 hatte Ferdinand III. die maurische Burg zu

Ehren der heiligen Katharina benannt, an deren Namenstag er die Feste erobert hatte. Hinter der Festung wurde 1965 der Parador Nacional Santa Catalina eingerichtet und dabei architektonisch so gut angepasst, dass man das Hotel für einen Teil des alten Komplexes halten könnte.

Der »Inbegriff der Romantik«

Es war Federico García Lorca, der dem schonen Städtchen Baeza, etwa vierzig Kilometer östlich von Jaén, den Beinamen »Inbegriff der Romantik« verlieh. Zunächst einmal ist Baeza aber ein weiteres Olivenölzentrum. Es gilt erst einmal einen steilen Hügel zu erklimmen und mächtige Mauern zu durchschreiten, ehe man Lorcas Schwärmerei versteht.

Baeza könnte man, wie auch das benachbarte Úbeda, als »Museumsstadt« bezeichnen. Der Aufschwung der bereits von den Römern gegründeten Kleinstadt vollzog sich im 16. Jahrhundert. Baeza lag nämlich strategisch günstig an einer wichtigen Handelsroute, die von Süden in Richtung Kastilien verlief. Vom damals erlangten Wohlstand zeugen noch heute fast 50 prächtige Adelspaläste und Kirchen im Stil der Gotik, der Renaissance und des Barocks. Die verschiedenen Elemente sind oft bunt gemischt am selben Bau zu bewundern. Das Stadtzentrum dominieren drei Gebäude: die Cathedral Santa Maria, der Palacio de Jabalquinto und die 1542 gegründete Universidad.

Úbeda, die Renaissancestadt

Die rund zehn Kilometer entfernte »Schwesterstadt« Úbeda übertrifft Baeza was das geschlossene Stadtbild und die stilistische Einheitlichkeit angeht: Es handelt sich schließlich um eine der besterhaltenen Renaissancestädte Europas. Die Gestaltung der Stadt lag großteils in den Händen eines einzigen Künstlers, der auch in Jaén und Baeza tätig war: Andrés de Vandelvira (1505 bis 1575). Schon 1233 von den Christen erobert, war Úbeda – wie Baeza – zu einem wichtigen Stützpunkt und Zentrum der Reconquista ausgebaut worden. Viele Adelige, die hohe Regierungsämter am Hof von Kastilien bekleideten, ließen sich hier Paläste errichten. Im 16. und 17. Jahrhundert entwickelte sich Úbeda an der wichtigen Nordroute zu einer wohlhabenden Handelsstadt. Heute ist das Städtchen außer für sein Olivenöl bekannt für Keramik und Flechtwerk.

Das Zentrum der Altstadt bildet die lang gestreckte Plaza de Vázquez de Molina. Der Platz wird gerahmt von mehreren Renaissancebauten wie dem Palacio de las Cadenas, dem Rathaus. Sehenswert ist besonders dessen Patio und das im Kellergewölbe befindliche Museo de Alfarería (andalusische Keramik). Gegenüber dem Rathaus erhebt sich die Kirche Santa María de los Reales Alcázares, die Anfang des 16. Jahrhunderts über den Ruinen der früheren Hauptmoschee errichtet wurde. An der Nordseite der Plaza imponiert dann der mächtige Palacio de los Ortega, der seit 1930 das beste Hotel am Ort beherbergt, das Parador del Condestable Dávalos. Die Schmalseite des Platzes beherrscht die Sacra Capilla del Salvador, ein wahres Kleinod andalusischer Renaissance-Architektur.

Faszinierende Berg- und Naturwelt

Je weiter man von Úbeda ostwärts gelangt, umso stärker gehen die Olivenbaumhaine in unberührte Natur über, umso bergiger und unberührter wird die Landschaft. Mehrere Gebirgszüge, von denen die ineinander übergehenden Sierras de Cazorla und Segura mit dem Pico de las Empanadas (2107 Meter) die mächtigsten sind, verbinden die Sierra Morena im Norden mit der Betischen Kordilliere im Süden. Die Sierra de Segura fungiert zugleich als Wasserscheide: Der Río Segura fließt von hier ins Mittelmeer, der Río Guadalquivir in den Atlantik.

Der Wasserreichtum, den das fruchtbare Tal des hier entspringenden Río Guadalquivir aufweist, und die besonderen klimatischen Voraussetzungen, haben eine üppig grüne Vegetation mit Kiefern- und Laubwäldern hervorgebracht: Über 20 endemische Pflanzenarten, darunter das seltene Cazorla-Veilchen, Orchideen und Narzissen gedeihen hier. Bis ins 18. Jahrhundert hinein als Holzlager genutzt, wurde die Region 1983 von der UNESCO zum »Biosphärenreservat« erklärt. Obwohl selten gewordene Tiere wie der iberische Steinbock, Bergziegen, Adler, Gänsegeier und Segura-Wolf ge-

Úbeda war seit jeher eine wichtige Handelsmetropole. Sie zählt heute zu den besterhaltenen Renaissancestädten Europas.

schützt sind, besteht das 1960 ausgewiesene Jagdrevier fort: Damit stehen Hirsche, Rehe, Wildschweine, Damwild, Kaninchen unter Auflagen zum Abschuss.

Mit seinen 214 000 Hektar Grund zählt der »Parque Natural Sierra de Cazorla, Segura y las Villas« zu den größten und mit einer halben Million Besuchern meist besuchten Parks Spaniens. Die faszinierende Berg- und Naturwelt lässt sich leicht in einer zwei- oder dreitägigen Rundfahrt erkunden – zum Beispiel von Úbeda oder dem am Westrand des Naturparks gelegenen malerischen Bergdorf Cazorla aus.

Wo die Westernfilme gedreht wurden

Die Sonne brennt erbarmungslos auf die knochentrockene Landschaft, die Luft flimmert vor Hitze, kein Strauch oder Baum spendet Schatten – diese fast gespenstisch anmutende Atmosphäre im Südosten Andalusiens kommt einem bekannt vor, erinnert sie doch an den Südwesten Nordamerikas. Viele legendäre Italo-Western wurden daher in der Provinz Almería gedreht. Da hier an über 320 Tagen im Jahr die Sonne scheint, im Sommer das Thermometer auf über 40 Grad Celsius steigt und es weniger als 150 Millimeter Niederschlag jährlich gibt, hat sich die Hälfte des Provinzareals zur einzigen natürlichen Wüste Europas, »Rambla« oder »Desierto de Tabernas«, gewandelt.

Die Ähnlichkeit mit den USA machte sich die Filmindustrie bereits in den 1960er-Jahren für die legendären »Spaghetti-Western« von Sergio Leone mit Bud Spencer und Terrence Hill oder Clint Eastwood in den Hauptrollen zu Nutze und wählte die Region als Drehort. Über 100 weitere Filme folgten, darunter Kassenschlager wie »Zwei glorreiche Halunken«, »Die glorreichen Sieben«, »Wem die Stunde schlägt«, »Für eine Handvoll Dollar«, »Spiel mir das Lied vom Tod«, »High Noon« oder auch die deutsche Westernkomödie »Der Schuh des Manitu«.

Landschaft unter Plastik

So beeindruckend die fast archaisch anmutende Wüstenlandschaft ist, so ernüchternd ist der Anblick an der Küste: Plastikplanen so weit das Auge reicht. Die Sonne hat nämlich nicht nur die Filmindustrie gefördert, sondern auch den Treibhausanbau. Heute sind hier fast 50 000 Hektar mit Tomaten, Paprika, Auberginen, Melonen, Gurken und Südfrüchten bepflanzt, großteils in schlichten Plastik-Treibhäusern. Auf diese Weise ist ganzjähriger Anbau möglich, das kostbare Wasser verdunstet weniger schnell und die Pflanzen trocknen nicht aus.

Die Treibhauskultur ist ein relativ neuer Wirtschaftszweig. Seit der Antike hatte der Abbau von Eisenerz und anderen Bodenschätzen im Hinterland der Sierra de Gata eine Rolle gespielt, doch heute sind fast alle Gruben geschlossen. Der Raubbau an der Natur, vor allem die Abholzung ganzer Wälder, ist aber unübersehbar. Die Wasserknappheit hatte in der Vergangenheit, abgesehen von ein wenig Trockenfeldbau, der Sisalherstellung aus Kakteen und Farbstoff aus Schildläusen, dem Sammeln von Kräutern und der Wanderschäferei, Landbau unmöglich gemacht.

Neben Obst- und Gemüseanbau ist der Tourismus das zweite Standbein der Provinz. Vor allem an der Küste westlich von Almería konkurrieren Hotels und Retortenstädte wie Aguadulce oder Roquetas de Mar mit den Treibhaussiedlungen. Das omnipräsente touristische Maskottchen der Provinz, der »Indalo«, der einer etwa 4500 Jahre alten Felsmalerei an der Cueva de los Letreros nachempfunden ist, hat noch einiges an Aufklärungsarbeit zu leisten, um mehr Naturliebhaber ins Landesinnere und Badefreunde an die Küste im Osten zu locken.

Die afrikanischste Stadt Andalusiens

Almería, der »Spiegel des Meeres«, ist Zentrum der gleichnamigen östlichsten Provinz von Andalusien. Die Hafenstadt mag etwas chaotischer und unordentlicher wirken als andere Provinzhauptstädte, allerdings verleiht ihr gerade das einen gewissen Reiz. Diese »afrika-

Renaissancebauten wie der Palacio de las Cadenas rahmen die Plaza de Vázquez de Molina in Úbeda.

Rechts: Die Wüsten im Südosten Andalusiens sind seit den 1960er-Jahren eine beliebte Kulisse für Westernfilme – die Landschaft ähnelt in der Tat frappierend der im Südwesten der USA.

nischste Stadt Andalusiens«, von der aus regelmäßig Fähren nach Marokko verkehren, bildet eine Enklave innerhalb Andalusiens, die mehr »afrikanisch-orientalisch« ist als spanisch.

Wegen ihrer günstigen Lage im Zentrum des weit geschwungenen Golfo de Almería, an der Mündung des Río Andarax, galt Almería schon immer als wichtige Hafenstadt. Phönizier, Griechen und Römer – die dem Hafen den Namen »Portus Magnus« gaben – gründeten hier Kolonien. Dass die Bucht schon in prähistorischer Zeit besiedelt war, belegen die Ausgrabungen von Los Millares im Nordwesten der Stadt, die Funde der Glockenbecherkultur zu Tage brachten.

Sehenswürdigkeiten gibt es nur wenige, doch dafür entschädigt ein Rundgang durch die ursprünglichen Altstadtviertel, über die Haupteinkaufsstraße und die Promenierallee Rambla de Belén: Dabei taucht man in eine andere Welt ein. Die Catedral Fortaleza ist eine ungewöhnliche Kirche mit vier Ecktürmen, turmartiger Apsis und Zinnenkranz. Der 1522 an Stelle der alten Moschee errichtete Bau fungierte nämlich nicht nur als Gotteshaus, sondern zugleich als Trutzburg zur Abwehr von Piratenüberfällen. Nach Plänen von Diego de Siloë, der sich bei der Kathedrale von Granada erste Meriten gesammelt hatte, errichtet, markiert die Kirche stilistisch den Übergang zwischen Gotik und Renaissance.

Linke Seite: Im Osten Andalusiens entspringt der Río Guadalquivir, die Lebensader des südwestlichen Spaniens.

Beschaulichkeit für Samtpfoten: Zwei Katzen genießen die Ruhe der Alcazaba von Almería, einer der beeindruckendsten mittelalterlichen Festungen Spaniens.

Die auf einer Anhöhe gelegene Festung von Almería ist von gigantischen Ausmaßen und war äußerst prunkvoll ausgestattet.

Durch das Altstadtviertel Almedina, das einstige maurische Quartier Al-Mariya, erreicht man die zweite Attraktion, die Alcazaba. Die auf einem etwa 100 Meter hohen Plateau die Stadt überragende Festung hat riesige Ausmaße: Mit ihren rund 450 Metern Länge und 100 Metern Breite zählt sie zu den eindrucksvollsten mittelalterlichen Festungen Spaniens. Die Anlage wurde unter Abd ar-Rahman III. ab 955 erbaut und mehrmals vergrößert.

Traumstrände im Achatland

Die Sierra de Gata liegt östlich von Almería. Der ins Meer vorspringenden Cabo de Gata ist ihr markantester Punkt. Der Name »agata« (Achat) weist erneut auf den Mineralreichtum der Region hin – auch eine Reihe von Bergbausiedlungen, wie Rodalquilar oder Santa Bárbara, heute großteils aufgelassen, zeugen noch von diesem Wirtschaftszweig. Lange Zeit galt die Felsküste des 1987 ausgewiesenen »Parque Natural Cabo de Gata-Nijar« als Geheimtipp unter Alternativurlaubern und zugleich als eines der letzten noch nicht flächendeckend bebauten Areale an der Costa del Sol. Das hat sich nun zwar etwas geändert, doch noch immer gehören die Strände in den kleinen Buchten, oft gerahmt von Dünen, zu den schönsten und saubersten Andalusiens.

Die Sierra de Gata ist vulkanischen Ursprungs: Vor acht bis 15 Millionen Jahren entstand hier eine beeindruckende Mittelgebirgslandschaft, kaum höher als 500 Meter, mit Vulkankegeln und kuriosen Felsformationen aus »arrecifes«, ins Meer reichenden Felsnadeln, und »barrancos« (Schluchten). Mit einer Durchschnittstemperatur um die 18 Grad und nur etwa 180 Millimeter Niederschlag im Jahr herrschen hier fast afrikanische

Klimaverhältnisse – es handelt sich um eine der trockensten Regionen Europas. Entsprechend angepasst ist die Vegetation: Dattelpalmen sowie Espartogras, das im Kunsthandwerk zum Einsatz kommt, wachsen hier, dazu »matorral« (Dornsträucher) und »palmitos« (Zwergpalmen). In den wenigen Feuchtgebieten um die Flusstäler kann eine große Vielfalt an Brut- und Zugvögeln beobachtet werden und wegen der vielen Reptilien heißt die Region auch »Echsenland«.

An der Levante Almeriense

Die insgesamt 190 Kilometer lange Costa de Almería mit ihren rund 45 Stränden untergliedert sich in zwei Teile: Zum einen der bereits erwähnte recht touristisch geprägte Teil anschließend an die Costa del Sol bis zum Cabo de Gata, zum anderen »El Levante Almeriense«. Diese erstreckt sich vom Cabo de Gata nordwärts in Richtung Murcia, und ist für Besucher der empfehlenswertere, da ruhigere und naturbelassenere Küstenab-

Oben: Zu den Sehenswürdigkeiten der ostandalusischen Provinzhauptstadt Almería zählen die historischen Altstadtviertel, die sich zu Füßen der Festung erstrecken.

Ein dreifacher, mit mächtigen Wehrtürmen verstärkter Mauerring umgibt die maurische Festung Almerías.

Der schönste Abschnitt der etwa 190 Kilometer langen Costa de Almería im Südosten Andalusiens ist die Levante Almeriense.

Am Cabo de Gata, der Südwestspitze der Provinz Almería, arbeiten die Fischer noch fast wie ihre Vorfahren.

Rechte Seite: Der Leuchtturm an der Spitze der Cabo de Gata – der Faro de Gata –, weist noch heute den Seeleuten den Weg durch die unruhigen Gewässer.

An einem der traumhaften Strände des Parque Natural Cabo de Gata-Nijar im Südwesten Andalusiens wurden diese Steine angespült.

schnitt. In den letzten Jahren entwickelte sich diese »Costa Cálida« (warme Küste) zunehmend zum »gemäßigten Urlaubsgebiet«.

Als Zusatzprogramm zu malerischen Buchten und langen sauberen Sandstränden findet sich im Hinterland eine Reihe sehenswerter Pueblos Blancos. Zu den schönsten zählt Mojácar. Der zweiteilige Ort im äußersten Osten Andalusiens wurde in den 1950ern und 1960ern von Künstlern und Aussteigern entdeckt und noch heute geht im Sommer die Post ab. Ganz anders präsentiert sich der weiter landeinwärts gelegenen alte Ortskern: ein typisches Pueblo Blanco mit romantisch engen Gassen und verschachtelten Häusern.

An der Felsküste des Parque Natural Cabo de Gata-Nijar finden sich noch solche einsamen Badebuchten.

Der kleine Ort Níjar im Hinterland der Costa de Almería ist ein sehenswertes Pueblo Blanco und bedeutendes Kunsthandwerkszentrum.

In Níjar lässt sich gut einkaufen: Keramik und Webarbeiten sind hübsche und sehr beliebte Mitbringsel.

Die **fünf** schönsten Erlebnisse im Osten von Andalusien

Im »Wilden Westen«
In der Desierto de Tabernas wurden die Drehorte großer Western teilweise aufgelassen oder, im Umkreis von Tabernas, zu Wildwest-Vergnügungsparks wie Mini-Hollywood (N-340, Tel. 950 365 236, www.hvsl.es/lei/hojas/leio0002.htm) oder Texas Hollywood (N-340, Tel. 950 550 387, www.texashollywood.topactive.com) umgewandelt.

»Flüssiges Gold«
Die Provinz Jaén sollte man nicht ohne eine Flasche kaltgepressten Olivenöls verlassen. In Jaén, Baeza oder Úbeda gibt es in vielen Geschäften die lokalen Spitzenprodukte zu kaufen oder auch bei »La Laguna« (westlich Baeza an der Hauptstraße nach Jaén). In Baeza, vor allem aber in Úbeda, lohnen Keramik und Espartogras-Handarbeiten.

Ungestörte Wanderfreuden
Wander- und Naturfreunde kommen im Parque Natural Sierra de Cazorla, Segura y las Villas voll auf ihre Kosten. Ideales Standquartier ist Cazorla (Infos: Centro de Interpretación Torre del Vinagre, Ctra del Tranco/A-319, km 48, Tel./Fax 953 713 040), in dem auch das maurische Kastell und das Museo de Alto Guadalquivir lohnen.

Wohnen wie ein Edelmann
Stilvoll ist der Parador Nacional in Jaén, direkt neben der alten maurischen Festung Castillo de Santa Catalina (Infos: Tel. 0211-86415-20, www.iberotours.com). In einem Renaissance-Palast befindet sich hingegen das kleine luxuriöse Hotel María de Molina in Úbeda (Plaza del Ayuntamiento Tel. 953 795 356, www.hotel-maria-de-molina.com).

Für Sonnenanbeter
Das Naturgebiet um das Cabo de Gata im Südosten der Provinz Almería hat nicht nur idyllische Badebuchten mit fast karibischem Flair und Wanderwege zu bieten, sondern ist vor allem bei Sonnenuntergang ein unvergessliches Erlebnis.

Reiseinformationen

Andalusien von A bis Z

ANREISE

Angesichts der rund 2000 bis 3000 Kilometer langen Anreise ist ein Flug im Allgemeinen aus zeitlichen und auch finanziellen Gründen einer Anfahrt mit Pkw, Bahn oder Bus vorzuziehen. Die Hauptflughäfen Andalusiens sind Málaga (vor allem Charter) und Sevilla (Linie), außerdem Almería, Granada, Córdoba und Jerez. Charter wie Hapag Lloyd, LTU oder Air Berlin steuern Andalusien direkt an, sind aber nicht immer preiswerter als zum Beispiel Iberia oder Lufthansa, die mit Zwischenstopp in Barcelona oder Madrid fliegen. Die Preise beginnen bei etwa 200 Euro in der Nebensaison, doch es gibt auch Schnäppchen.

AUSKUNFT

Vor der Reise informiert man sich beim Spanischen Fremdenverkehrsamt, entweder der Zentralstelle für Material-Anforderungen, Tel. (06123) 99134,
Fax 9915134, oder bei einer der Filialen:

- Postfach 151940
  D-80051 München
  Tel. (089) 5307460, Fax 5328680,
  E-Mail: munich@tourspain.es
- Myliusstrasse, 14
  D-60325 Frankfurt/M.
  Tel. (069) 725033, Fax 725313,
  E-Mail: frankfurt@tourspain.es
- Grafenberger Allee 100, Kutscherhaus,
  D-40237 Düsseldorf
  Tel. (0211) 6803980, Fax 6803985
  E-Mail: dusseldorf@tourspain.es
- Postfach 151209
  D-10674 Berlin
  Tel. (030) 8826543, Fax 8826661
  E-Mail: berlin@tourspain.es
- Seefeldstr. 19
  CH-8008 Zürich
  Tel. (01) 2527930, Fax 2526204
  E-Mail: zurich@tourspain.es
- Walfischgasse 8
  AU-1010 Wien
  Tel. (01) 5129580, Fax 5129581
  E-Mail: viena@tourspain.es
- Informationen im Internet gibt es auf folgenden Websites:
  www.tourspain.es
  www.andalucia.org

AUTOFAHREN, STRASSENNETZ UND VERKEHRSREGELN

Spanier fahren entweder sehr flott oder sehr langsam und insgesamt etwas unberechenbar. Vorsicht ist bei Bergstrecken und beim Durchqueren enger Dörfer geboten, außerdem im Stadtverkehr, wo Einbahnstraßen und Abbiegeverbote häufig sind.
Autobahnen und Schnellstraßen, Überlandstraßen und übergeordnete Landstraßen sind meist in gutem Zustand, nicht unbedingt die Nebenstrecken.
»Autopistas« – Autobahnen – sind gebührenpflichtig und rar. Lediglich die A-49 (Sevilla-Huelva) und die A-4, »Autopista del Sur«, (Sevilla-Cádiz) sowie Teile der im Ausbau befindlichen »Autopista del Mediterráneo/del Costa del Sol« gehören dazu. »Autovías« sind vierspurige Schnellstraßen, z. B. die N-IV zwischen Sevilla und Córdoba oder die A-92 von Almería via Granada nach Sevilla. »Carreteras Nacionales« entsprechen den deutschen Bundesstraßen. Landstraßen gibt es in unterschiedlichen Kategorien.
Höchstgeschwindigkeit (»velocidad máxima«): 50 km/h in Ortschaften, sonst 90 km/h, auf ausgebauten, d. h. mindestens vierspurigen (National-)Straßen 100 km/h, auf Autobahnen 120 km/h für PkWs. Ein guter Stadtplan ist in den Großstädten unabdingbar, besser noch ist es, zentral zu parken und sich zu Fuß auf den Weg zu machen.

AUTOVERMIETUNG

Die Mietwagenpreise in Spanien sind im europaweiten Vergleich moderat. Am günstigsten ist es, bereits zu Hause einen Mietwagen zu buchen. Neben internationalen Anbietern wie Avis, Sixt, Alamo, Europcar oder Budget gibt es spanische wie Atesa oder Niza Cars und lokale Firmen. Oft sehr günstig sind die Angebote von Mietwagen-Brokern wie Sunny Cars (www.sunnycars.de) oder Holiday Autos (www.holidayautos.de).
Vor Ort wendet man sich an »Rent-a-car«- oder »Alquier de coches«-Büros in großen Städten, an Flughäfen oder in Hotels. Konditionen, Service, Preise und Fahrzeuge können unterschiedlich ausfallen und genaue Prüfung ist nötig. Wichtig ist es, auf Komplettpakete inklusive Vollkasko und unbegrenzten Kilometern zu achten.

BADEN UND STRÄNDE

Costa del Sol und Costa de la Luz gelten als Badeparadiese. Viele andalusische Strände zeigen mittlerweile die blaue EU-Umweltflagge, was auf gute Wasser- und Strandqualität schließen lässt. Während die Mittelmeerküste, vor allem im Westen, sanft abfallende feinsandige und »familienfreundliche« Strände und wärmere Wassertemperaturen bietet, gibt es an der Atlantikküste mehr Wind und Wellen und die Temperaturen liegen im Jahresdurchschnitt niedriger. Dafür ist sie weniger überlaufen.

Oben: In den Gassen der Pueblos Blancos, ist das Autofahren nicht unbedingt ein Vergnügen.

Linke Seite: Ein Paradies für Wanderer und Naturfreunde ist das bergige Hinterland der Provinzhauptstadt Córdoba.

Beliebte Mitbringsel aus Andalusien sind Flecht- und Webarbeiten, aber auch Keramik, Sherry oder Olivenöl.

BAHNFAHREN

Zugfahren in Spanien ist etwas für Fans und in erster Linie dazu geeignet, die Distanzen zwischen Städten zu überbrücken, kaum hingegen für Rundreisen oder Touren ins Hinterland. Das Netz der spanischen Staatsbahn RENFE (www.renfe.es bzw. www.talgo.com) geht sternförmig von Sevilla aus, mit nur wenigen Küstenverbindungen (Fuengirola–Málaga). »AVE« heißen die Hochgeschwindigkeitszüge, die stündlich Sevilla und Córdoba mit Madrid verbinden. Ein Luxus-Sonderzug im Stil des Orient-Express' ist der »Andalucía Exprés« oder »Al Andaluz« (Informationen im Internet auf der Website www.alandalusexpreso.com).

EINKAUFEN UND SOUVENIRS

Auf Märkten und in Markthallen (z. B. Málaga, Nerja, Jaén, Córdoba, Cádiz, Jerez, Sevilla oder Almería) erhält man neben Lebensmitteln des täglichen Gebrauchs lokale Spezialitäten wie Schinken, Lomo, Olivenöl oder Sherry (auch in Bodegas). Supermarktketten wie Cobrero, Carrefour oder Supersol sind verbreitet; eine große Auswahl (auch Feinkost) bietet die Kaufhauskette El Corte Inglés. Andalusien ist neben seinen kulinarischen Spezialitäten bekannt für sein Kunsthandwerk. Eine gute Auswahl bietet »Artespaña«, eine Organisation, die in Großstädten Läden unterhält. Schöne Keramik findet man vor allem in Granada, Málaga, Sevilla oder Úbeda. Ebenfalls für Keramik, aber auch für Web- und Flechtarbeiten bekannt sind ländliche Regionen wie die Sierra de Grazalema oder die Alpujarras. Tücher aller Art (»mantones«) sowie hübsche, nicht kitschige Fächer (»abanicos«) und anderes Flamenco-Zubehör gibt es in Sevilla, wohingegen Córdoba und die Provinz Huelva gute Lederwaren bieten.

ESSEN UND TRINKEN

Die Essenszeiten in Andalusien unterscheiden sich: Vor 14 Uhr bzw. 21 Uhr werden die Hauptmahlzeiten selten eingenommen. Frühstück (»desayuno«) gibt's typischerweise in der Bar und es besteht aus einem Milchkaffee und einem Stück getoastetes Weißbrot (»tostada«), klassisch mit Olivenöl beträufelt und Tomatenpüree bestrichen (»con aceite y tomate«). Churros, die fettgebackenen Teigspiralen oder Stäbchen, bieten »Churrerias«, vielfach nur vormittags, meist »con chocolate«, einer Art dickem Kakao zum Eintauchen. Zum Snack nimmt man ein »bocadillo« (belegtes Brötchen), eine gefüllte Pastete oder Teigtasche zu sich. Viele Andalusier verzichten auf ein großes Mittagessen, dafür ist am frühen Abend ein Abstecher in die Bar, zu ein paar Tapas und einem Glas Sherry obligatorisch.

FEIERTAGE UND FESTE

- **1. Januar: Año Nuevo:** Neujahr
- **6. Januar: Dia de los (Tres) Reyes Magos (Epifanía)**
  Heiligdreikönig mit Weihnachtsbescherung, oft auch Umzug und Schauspiel
- **Ende März/April: Semana Santa**
  Die Karwoche ist wohl das bedeutendste Fest in Andalusien, das vor allem in Sevilla, Córdoba, Málaga, Gránada und Úbeda groß gefeiert wird.
- **50 Tage nach Ostern: Pentecostés**
  Pfingsten – Hauptereignis ist die Romería del Rocío
- **Erstes Maiwochenende: Cruces de Mayo**
  Kreuzesfeste, v. a. in Granada, Córdoba und Granada
- **Zweiter Donnerstag nach Pfingsten: Corpus Cristi**
  Fronleichnam wird mit großen Prozessionen gefeiert, v. a. in Granada, Córdoba und Sevilla
- **15. August: Asunción de la Virgen**
  Mariä Himmelfahrt
- **12. Oktober: Día de la Hispanidad**
  Entdeckung Amerikas durch Kolumbus (Nationalfeiertag)
- **1. November: Todos los Santos**
  Allerheiligen, besonders in der Provinz Cádiz aufwändig gefeiert
- **6. Dezember: Día de la Constitución**
  Tag der Verfassung
- **24. Dezember: Nochebuena**
  Heiliger Abend
- **25. Dezember: Navidad**
  Weihnachten
- **31. Dezember: Nochevieja**
  Silvester

Darüber hinaus gibt es lokale Feste und Wallfahrten zu Ehren bestimmter Schutzpatrone (Fiestas Patronales) oder anlässlich eines bestimmten historischen Ereignisses. Carnaval, 40 Tage vor Beginn der Fastenzeit, wird besonders in der Provinz Cádiz groß gefeiert. Die meisten Ferias – meist mit Jahrmarkt und Umzug – finden im Frühjahr statt, und läuten dann zugleich die Stierkampfsaison ein. Bekannteste sind die Feria de Abril in Sevilla, die Feria de Caballo in Jerez de la Frontera und die Feria de Mayo in Córdoba.

NATIONAL- UND NATURPARKS

In Andalusien gibt es zwei Nationalparks (Parque Nacional) – Coto de Doñona und Sierra Nevada – , und über 20 Naturparks (Parque Natural) sowie untergeordnete Parajes Naturales und Reservas Naturales.

Die wichtigsten Naturparks (PN = Parque Natural)

- PN Sierra del Norte (Sevilla)
- PN Sierra de Aracena y Picos de Aroche (Huelva)
- PNacional de Coto de Doñana (Huelva)
- PN Los Alcornocales (Cádiz)
- PN Sierra de Grazalema (Cádiz)
- PN Sierra de las Nieves (Málaga)
- PN Torcal de Antequera (Málaga)
- PN Cabo de Gata-Nijar (Almería):
- PN Desierto de Tabernas (Almería)
- PNacional Sierra Nevada (Granada)
- PN Cazorla, Segura y las Villas (Jaén)
- PN Sierras Subbéticas (Córdoba)

Auskünfte im Internet:

- www.cma.junta-andalucia.es
- www.mma.es
- www.andalucia.com/environment/landscapes.htm

NOTRUFNUMMERN

- Polizei: 091
- Verkehrspolizei/Policia Municipal: 092
- Erste Hilfe: 061
- Feuerwehr: 080
- ADAC-Notruf (von Spanien nach Deutschland): Tel. 00 49 89 22 22 22 in Spanien: 9 34 78 78 78 (Barcelona) bzw. 9 15 93 00 41 (Madrid)

ÖFFNUNGSZEITEN

Die Ladenöffnungszeiten sind flexibel und eine längere Mittagspause (ca. 14 bis 17 Uhr) ist vor allem in ländlichen Regionen und bei kleinen Geschäften üblich. Ansonsten wird meist montags bis freitags um 9 oder 10 Uhr geöffnet und um 20 oder 20.30 Uhr geschlossen, am Samstag ist häufig nur vormittags geöffnet. Kleinere Museen sind wie Klöster und Kirchen vielfach nur bis 14 Uhr geöffnet, fast alle sind zudem sonntags nachmittags und/oder montags geschlossen.

Ein komplettes Mahl oder nur ein paar Tapas und einen Sherry? Wer die Wahl hat, hat die Qual in den Restaurants und Tapasbars Andalusiens.

POST

»Correos y telégrafos« sind Postämter und Bank in einem. In kleineren Orten stehen sie nur bis 14 Uhr, in Städten meist bis abends zur Verfügung, samstags bis etwa 13 Uhr.

Briefmarken (sellos) werden auch in Tabakläden (tabacos/estancos) verkauft, oft auch an Kiosken.

Im Sommer 2004 kostete eine Postkarte beziehungsweise ein Brief bis 20 Gramm nach Europa 0,50 Euro, innerhalb Spaniens 0,25 Euro.

REISEZEIT UND REISEVERANSTALTER

Man unterscheidet in Andalusien drei Klimazonen: die Küstenregionen (Mittelmeer und Atlantik), Hochandalusien (um Granada) und Niederandalusien (Huelva, Cádiz, Sevilla, Córdoba). Mit 18 Grad Celsius Durchschnittstemperatur, der längsten Sonnenscheindauer und den geringsten jahres- und tageszeitlichen Schwankungen klimatisch besonders begünstigt ist die Costa del Sol. Am Atlantik liegen die Temperaturen unwesentlich niedriger, allerdings sind die Winde stärker und die Niederschläge im Winter ergiebiger. In Hochandalusien gibt es relativ starke jahres- und tageszeitliche Schwankungen und speziell in den Höhenlagen der Sierra Nevada ist Schneefall möglich. Wie die wüstenartige Landschaft Almerías ist auch Niederandalusien, das Tiefland, für seine Sommerhitze berühmt-berüchtigt.

Grundsätzlich ist Andalusien ein Ganzjahres-Reiseziel. Zum Baden und Sonnen bieten sich vor allem die Monate Juni bis Oktober an, wer die hochsommerliche Hitze scheut, auf Kultur und Stadtbesichtigungen Wert legt oder das Naturerlebnis sucht, für den sind die Monate März bis Mai sowie September bis November ideal. Sogar in den Wintermonaten kann ein Andalusien-Aufenthalt zu Städtevisiten beziehungsweise in den klimatisch begünstigsten Regionen am Mittelmeer oder in Niederandalusien empfehlenswert sein, da hier die Temperaturen selten unter 10 Grad Celsius fallen und die Sonne häufig scheint.

Fortbewegungsmittel gibt es viele: Romantisch und bequem zugleich ist eine Kutschfahrt durch Sevilla.

Zudem sind die Preise in der Nebensaison – mit Ausnahme der Osterzeit und während der Ferias – um einiges günstiger als in der Hauptsaison (Mitte Juni bis Mitte September).
Größte Reiseveranstalter für Spanienreisen sind TUI, DERTour, IST, Alltours, Ibero Tours (Olimar), FTI, Neckermann Reisen, Kreutzer und Terraviva Reisen, die alle ein breites Spektrum (Busrundreisen, »Fly und Drive«, Städtearrangements, Wander- und Golf-Reisen etc.) anbieten.

- Tipp: Hilfreich bei der Reiseplanung ist das in Iwanowski's Reisebuchverlag erschienene Handbuch »Andalusien« von Margit Brinke und Peter Kränzle (ISBN 3-933041-15-5).

Sportliche Aktivitäten

»Turismo Activo« ist in Andalusien im Vormarsch. Das breiteste Sportangebot – neben Wassersport auch Golf und Tennis – wird in den Ferienzentren an den Küsten angeboten. Zum Wandern und Bergsteigen ist man in den Naturparks am besten aufgehoben, obwohl vielfach markierte Wege und aktuelle Wanderkarten fehlen. Die besten Wandermöglichkeiten bieten die Alpujarras (Granada), der PN Sierras de Cazorla y Segura (Jaén), die Sierra de Grazalema und der Naturpark Alcornocales (beide in Cádiz) oder die Sierra de Aracena (Huelva).
Auch verschiedene deutsche Reiseveranstalter – z. B. Natur&Kultur Wanderstudienreisen (Tel. (0 73 44) 92 12 22, www.natur-und-kultur.de) oder Wikinger Reisen (www.wikinger.de) – organisieren Wanderreisen. Das Angebot an Wassersport reicht von Windsurfing, Surfen, Wasserski und Segeln über Tauchen und Schnorcheln bis hin zu Angeln und Hochseefischen. Für geübte Surfer bietet sich am Atlantik besonders Tarifa an. Infos im Internet unter: www.andalucia.com/sports/home.htm

Telefon

Telefonnummern sind neunstellig. Die Vorwahl beginnt im Festnetz immer mit einer 9 (Sevilla, Málaga: 95, Almería 950, Jaén 953, Cádiz 956, Córdoba 957, Granada 958, Huelva 959), die auch bei Ortsgesprächen mitgewählt werden muss. Nummern im Mobilfunknetz beginnen mit einer 6. Öffentliche Telefonzellen werden meist mit Telefonkarten (tarjetas telefónicas), im Tabakladen zu kaufen, betrieben.

- Vorwahl nach Spanien von Deutschland, Österreich und der Schweiz: 00 34 plus 9-stellige Teilnehmernummer
- Vorwahl von Spanien nach Deutschland: 00 49
- Vorwahl von Spanien nach Österreich: 00 43
- Vorwahl von Spanien in die Schweiz: 00 41

(dann folgt jeweils die Ortsvorwahl ohne 0 und die Rufnummer)

Unterkunft

Wer seine Unterkunft nicht bereits im heimischen Reisebüro gebucht hat, dem helfen vor Ort »Guia de Hoteles« – Unterkunftslisten für eine Provinz, Region oder Stadt. Man unterscheidet formal zwischen Hotels (ein bis fünf Sterne) und Hotel-Residencias und Hostales oder Pensiónes mit nur ein oder zwei Sternen. Die Übergänge zwischen den einzelnen Kategorien sind fließend.

- Tipp: Unvergleichlich von Ambiente wie Luxus sind die Paradores, staatlich geführte Hotels, zumeist in restaurierten historischen Bauten.
  Informationen bei:
  Ibero Tours
  Immermannstraße 23
  40210 Düsseldorf
  Tel. (02 11) 864 15 20, Fax 864 15 29,
  www.iberotours.com oder
  www.parador.es

»Casas Rurales« sind ländliche Unterkünfte, wie sie z. B. RAAR (www.raar.es), AHRA (www.hvsl.es/Trural/Ahra.htm) oder Tugasa (www.tugasa.com) in unterschiedlichen Standards anbieten. Sie befinden sich meist in abgeschiedener, schöner Lage und werden privat betreut. »Villas Turísticas« sind komfortable Hotelanlagen, vielfach in ländlichen Regionen, die Wert auf landesübliche und landschaftsangepasste Architektur legen.
Ferienhäuser und -wohnungen werden vor allem an der Costa de Sol und der Costa de la Luz vermietet. Sie unterscheiden sich preislich nach Lage, Saison etc.

- Tipp: Casa Andaluza bietet empfehlenswerte Ferienhäuser und -apartments an der Costa de la Luz (zwischen Zahara de los Atunes und Conil), aber auch Stadtwohnungen in Sevillas Altstadt, Fincas, preisgünstige Familienunterkünfte sowie elegante Ferienhäuser und kleine Luxushotels:
  Casa Andaluza
  C/Gonzalo Sanchez Fuentes 6
  E-11140 Conil
  Tel. (00 34) 956 45 60 53
  www.casa-andaluza.com.

REGISTER

Albaicín (Granada) 82
Alcalá la Real 84
Alcazaba (Alhambra) 79
Alcazaba (Almería) 100
Alcazaba (Málaga) 60
Alcázar (Sevilla) 24
Algeciras 52
Alhambra 79, 81, 91
Almería 97, 99 f.
Almuñécar 70
Anreise 107
Antequera 67
Arcos de la Frontera 43
Auskunft 107
Autofahren 107
Autovermietung 107

Baden 107
Baelo Claudio 49
Baeza 95
Bahnfahren 108
Barrio Santa Cruz (Sevilla) 26, 33
Benalmádena Pueblo 61
Boabdil 10
Bolonia 49

Cabo de Gata 100, 105
Cádiz 45 f.
Campiña 84
Castillo de Gibralfaro (Málaga) 60
Castillo de La Calahorra 83
Castillo de la Mota 84
Castillo de Santa Catalina (Jaén) 94 f.
Centro Andaluz de Flamenco 42
Cervantes, Miguel de 26
Chiclana de la Frontera 48 f.
Córdoba 84 f.
Costa Cálida 102
Costa de la Luz 36
Costa del Sol 58
Costa Tropical 69
Cueva de Nerja 69

Desfiladero de los Gaitanes 67
Desierto de Tabernas 96, 105

Einkaufen 108
El Rocío 38, 55
El Torcal 66
Essen und Trinken 108

Feiertage 108
Ferdinand II. 8, 12, 81
Ferdinand III. 94
Feria de Abril 23, 33
Festival de los Patios Cordobeses 85
Flamenco 15 f., 40, 42, 55
Frigiliana 69

Garganta del Chorro 67
Generalife (Alhambra) 79
Gibraltar 52, 54
Giralda 24
Granada 78 ff., 81 f.
Grazalema 43
Guzmán, Alonso Peréz de 52

Hemingway, Ernest 18, 63
Huelva 36
Huerta de San Vicente 82

Irving, Washington 78
Isabella I. von Kastilien 8, 12, 81

Jaén 94
Jamón 18 f.
Jerez de la Frontera 38, 40

Kolumbus, Christoph 8, 12 f., 36
Königlich-Andalusische Hofreitschule 42

La Calahorra 83
La Cartuja 42
La Macarena (Sevilla) 26, 28
La Rábida 36
Lanjarón 83
Las Alpujarras 83
Las Casas, Bartolomé de 26
Levante Almeriense 101
Lorca, Federico García 8, 82, 95
Los Millares 99
Löwenbrunnen (Alhambra) 79, 91
Löwenhof (Alhambra) 79

Maimónides 84
Málaga 58, 60
Marbella 62
Medina Azahara 85 f.
Mezquita (Córdoba) 84 f.
Mezquita Mihrab 91
Michener, James 61
Mijas 61
Mohammed I. 79
Mohammed Ibn al-Ahmar I. 78
Mojácar 102
Monasterio de La Cartuja 82
Montes de Málaga 58
Montilla 84
Mulhacén 82
Murillo, Bartolomé Esteban 26
Museo de Bellas Artes (Sevilla) 28
Museo Municipal Taurino (Córdoba) 85
Museo Picasso (Málaga) 61, 75
Museo Vivo de al-Andalus (Córdoba) 84

Nasridenpaläste (Alhambra) 79
National- und Naturparks 108 f.
Notrufnummern 109

Olivenöl 94 f., 105
Órgiva 83

Paraje Natural Marismas del Odiel 38
Parque de María Luisa (Sevilla) 31
Parque Nacional Coto de Doñana 38
Parque Nacional Sierra Nevada 82
Parque Natural Cabo de Gata-Nijar 100
Parque Natural de la Sierra de Aracena 32
Parque Natural de la Sierra de Grazalema 43, 62
Parque Natural de la Sierra Norte 32
Parque Natural de los Alcornocales 62
Parque Natural de Sierra Subbética 84
Parque Natural El Torcal 75
Parque Natural Sierra de Cazorla, Segura y las Villas 96, 105
Parque Natural Sierra de las Nieves 62
Parque Natural Torcal de Antequera 66 f.
Paschalis II., Papst 12
Peña de los Enarmorades 67
Penitentes 22
Peñón del Santo 70
Picasso, Pablo 58, 61
Pico de Veleta 82
Plaza de Toros (Ronda) 64
Post 109
Priego de Córdoba 84
Pueblos Blancos 13
Puerto de Santa María 38

Real Escuela del Arte Ecuestre 42
Reconquista 12
Reiseveranstalter 109 f.
Reisezeit 109
Rilke, Rainer Maria 63
Río Guadalevín 63
Río Guadalfeo 69, 73
Río Guadalhorce 67
Río Guadalquivir 22, 28, 38, 95
Río Iro 48
Río Odiel 38
Río Tinto 36
Romero, Pedro 64
Ronda 63 f., 75
Ruta de los Almorávides 75
Ruta de los Pueblos Blancos 43
Ruta del Atlántico 48 f., 52
Ruta del Califato 84
Ruta del Sol y del Vino 68
Ruta del Washington Irving 78

Sacromonte (Granada) 82
Salobreña 73
Sanlúcar de Barrameda 38
Santa María de la Rábida 36
Santiponce 31
Semana Santa 22
Setenil 45
Serranía de Ronda 63
Sevilla 22 ff.
Sherry 18 f., 38, 40, 84
Sherry-Dreieck 38, 55
Sierra de Almijara 68
Sierra de Gata 100
Sierra de Grazalema 42 f.
Sierra Morena 32
Sierra Nevada 78, 82 ff.
Souvenirs 108
Sport 110
Stierkampf 18, 64
Strände 107

Tapas 18
Tapear 33
Taríf Ibn Málik 52
Tarifa 49, 52, 55
Telefon 110
Trevélez 83

Úbeda 95
Ubrique 43
Unterkunft 110
Urban II., Papst 12

Vandelvira, Andrés de 95
Vejer de la Frontera 49
Velázques, Diego 26
Villanueva de Trabuco 75

Whitney, Gertrude Vanderbilt 36

Zahara de la Sierra 43

Wer am Ende seiner Andalusienreise nicht mindestens eine Tapasbar besucht hat, ist selbst schuld – nur hier lernt man Land und Leute richtig kennen.

Unser Gesamtverzeichnis finden Sie unter www.bruckmann.de

Lektorat: Sonya Mayer
Layout: Wiebke Hengst, Ostfildern
Repro: Repro Ludwig, Zell am See
Umschlaggestaltung: Bettina Schippel, unter Verwendung eines Fotos von Roland Gerth
Kartografie: KartenGrafik, Thomas Vogelmann
Herstellung: Bettina Schippel
Printed in Germany by Passavia.

Alle Angaben dieses Werkes wurden von den Autoren sorgfältig recherchiert und auf den aktuellen Stand gebracht sowie vom Verlag geprüft. Für die Richtigkeit der Angaben kann jedoch keine Haftung übernommen werden. Für Hinweise und Anregungen sind wir jederzeit dankbar. Bitte richten Sie diese an:

Bruckmann Verlag
Produktmanagement
Innsbrucker Ring 15
Postfach 80 02 40
D-81673 München
E-Mail: lektorat@bruckmann.de

Bildnachweis:
Umschlagvorderseite: Die Alhambra
Umschlagrückseite (von oben nach unten):
Halbwilde Pferde im Doñana-Nationalpark
Verfallener Wehrturm an der Costa del Sol
Königsresidenz Alcázar in Sevilla

Seite 1: Der Löwenhof der Alhambra
Seite 2-3: Der Garten Réal Alcazar

Alle Bilder stammen von Roland Gerth, außer:
Margit Brinke, Peter Kränzle: Seite 91 m. u.
Rainer Martini, Look: Seite 55 r. u.
Bettina Schippel: Seite 8 r. o., 24, 33 l. o.

Die Deutsche Bibliothek – CIP-Einheitsaufnahme:
Ein Titeldatensatz für diese Publikation ist bei der Deutschen Bibliothek erhältlich.

ISBN 3-7654-3970-3